엔크리스토 제자양육 성경공부 4 - 성장과정

이대희 지음 | 바이블미션 편

성장하는 사람

-뼈대 세우기

말씀으로 삶을 변화시키는
한국형 제자양육 교재

혼탁한 시대일수록 확고한 제자의식과 말씀이 생활 속에 나타나도록 하는 훈련이 필요합니다.

많은 성경공부 교재들이 나와 있지만 자아의식을 높이고 말씀을 연구하며 묵상하고 실천하며 생활이 변화되도록 하는 양육교재는 그리 많지 않습니다.

귀납적 방법과 이야기대화식 방법을 적용한 엔크리스토 제자양육 성경공부는 한국 상황에 맞는 성경공부 교재입니다. 일대일과 소그룹을 통하여 스스로 공부할 수 있도록 하고 말씀 속으로 깊게 들어가게 하는 점에서 매우 흥미 있는 교재입니다. 또 말씀을 삶의 실천까지 이끄는 특징을 가지고 있는 전인적 양육교재입니다. 교사나 지도자에게만 의지하지 않고 스스로 성경을 배우고 조용히 은혜의 말씀 속에 잠겨 보면서 말씀의 능력을 경험할 수 있으리라 여겨집니다.

한국 교회는 말씀의 생활화를 위해 크게 힘써야 할 새로운 시대를 맞이하고 있습니다. 이 성경공부 교재가 성령의 인도하심 가운데 그리스도인 한 사람 한 사람을 제자의 삶으로 변화시키기를 소원합니다. 그리하여 한국 교회가 말씀으로 성장하며 아울러 사회와 민족이 말씀으로 새롭게 변화되는 데 귀하게 쓰이기를 기도합니다.

장로회신학대학교 대학원장, 명예교수
주선애

말씀을 통한 자연스러운
사람의 성장을 꿈꾸며

포스트모던 시대에 접어든 현대 사회는 하루가 다르게 급변하고 있습니다. 무엇보다도 물질주의, 이기주의로 인하여 인간의 존엄성이 사라지고 있고 세속화, 비인간화가 교회까지 침투하여 교회가 점차 위기를 맞고 있습니다. 우리는 날이 갈수록 무엇이 진리인지 알 수 없는 애매모호한 시대 속에서 살고 있습니다.

최후의 보루인 교회마저도 한 사람의 가치보다는 보이는 건물과 물질에 끌려가고 있는 실정입니다. 이렇게 된 요인은 절대적인 진리인 성경에서 멀어졌기 때문입니다. 우리 주위를 보면 사람과 교회가 말씀의 성장보다는 세상적인 유행이나 인위적이고 물질적인 성장의 흐름이 주도하고 있는 듯합니다. 지금 교회와 그리스도인은 내부에서 성장의 힘을 찾기보다는 외부에서 성장의 힘을 찾으려는 유혹에 직면해 있습니다.

교회는 인간의 경험과 생각이 아니라 말씀이 이끌어가야 합니다. 교회의 목적은 말씀을 생활화하는 것입니다. 그러면 자연히 교회는 성장하고 부흥하며 사회에서 영향력을 끼칠 수 있을 것입니다. 과정을 무시하고 빠른 속도로 이끌어 내는 인위적인 성장보다는 조금 느리더라도 과정을 거치면서 자연스럽게 유기적 성장의 모습을 추구하는 것이 모든 교회의 소망입니다. 성령의 역사로 교회가 자라가고 흥왕한다면 세상 사람들에게 칭찬 받는 능력의 교회가 될 것입니다.

이것을 위해서 각 그리스도인들에게 말씀의 생명력을 불어넣는 일이 중요합니다. 이런 지속적인 과정을 통하여 점차 구원 받는 자가 날마다 늘어나는 기적의 역사가 한국 교회 속에 일어나기를 소원합니다. 일시적인 성공 프로그램이 아닌 말씀을 통한 교회 성장을 꿈꾸어 봅니다.

본 양육교재는 "엔크리스토 성경공부" 라는 이름으로 한국교회에 소개되어 많은 사람들에게 사랑을 받았던 교재를 기초한 성경교재입니다. "엔크리스토 성경공부"는 20여 년 전, 마땅한 한국적 성경 교재가 없었던 시기에 젊은이와 청년들을 변화시켰던 성경교재입니다. 필자는 말씀을 통해 변화되는 사람들을 보면서 말씀의 힘이 얼마나 위대한지를 직접 경험했고, 그것이 지난 20여 년 동안 성경공부 교재 집필과 말씀을 전하고 가르치는 사역을 어려운 가운데서도 지속적으로 하게 된 원동력이 되었습니다. 지금도 필자는 이 성경교재로 은혜를 받고 성장한 사람들의 이야기들을 종종 접하고 있습니다. 20여 년이 지난 지금, 말씀을 통해 생명의 역사를 일으켰던 그 정신과 힘을 계속 이어간다는 의미에서 이번에 새롭게 내용을 구성하고 보완하여 한국교회 토양에 적합한 제자양육 성경공부 교재를 두려운 마음으로 다시 내놓게 되었습니다.

"성경으로 돌아가자"는 구호는 지금 한국교회에 아주 적합한 말입니다. 이런 저런 프로그램과 내용으로 사람과 교회를 변화시키려 하지만 결국은 성경밖에 없다는 결론에 이르게 됩니다. 사람마다 시기의 차이만 있을 뿐 결국 우리 모두가 이르게 될 종착점은 성경입니다. 시대와 상황에 상관없이 성경공부를 통한 제자양육은 아무리 강조해도 지나치지 않습니다. 성경공부는 단순히 책을 배우는 지식공부가 아닙니다. 말씀이신 하나님과 말씀이 육신이 되신 예수님과 오늘도 진리로 인도하시는 성령님을 체험으로 알아가는 전인적인 하나님 공부입니다.

2000년 전 초대교회는 전적으로 말씀의 힘을 받아 부흥했습니다. 100여 년 전에

불었던 한국교회의 부흥의 역사도 말씀을 통한 부흥이었습니다. 지금의 한국교회는 잠깐 유행하는 프로그램에 이리저리 끌려다녀 시간을 소비하기보다는 성경에 더욱 충실해야 할 것입니다. 아무쪼록 이 양육교재가 그런 일에 조금이라도 보탬이 되기를 소원합니다. 다음 세대에 물려줄 것은 오직 말씀뿐입니다. 이 교재를 통해 성경으로 돌아가며 각자 말씀의 위대한 능력을 경험하는 일이 한국교회에 새롭게 일어나기를 기도합니다. 이런 말씀의 부흥은 시대와 상관없이 다음 세대에도 계속 이어질 것입니다.

지금까지 20여 년 동안 필자와 함께 일대일과 소그룹, 다양한 교회현장에서 말씀을 나누었던 이름을 기억할 수 없는 수많은 사람들, 각자 주어진 현장에서 주님의 제자로 살아가고 있을 사람들, 말씀을 함께 나누면서 마냥 행복해했던 많은 형제와 자매들, 성도들, 학생들에게 감사드립니다. 이들은 지금까지 저에게 힘을 부어 주었던 너무나 소중한 사람들입니다. 이 자리를 빌어 감사의 인사를 전합니다. 특히 외로운 말씀의 길로 달려가는 데 늘 위로와 격려, 기도로 힘을 더해 준 착한 아내 채금령 님에게, 그리고 아버지의 일을 이해하고 잘 따라준 샘과 기쁨에게도 고마움을 전합니다. 그동안 말씀의 길을 가도록 멘토로 한결같이 이끌어 주신 은사 주선애 교수님과 어려운 가운데서도 말씀의 소중함을 가지고 한국교회의 말씀 사역을 위해 지원과 힘을 더해주시고 있는 엔크리스토 박종태 사장님에게 깊은 감사를 드립니다.

오직 하나님께 영광을 올리면서
저자 **이대희**

유 기 적 교 회 섬 김 조 직 표

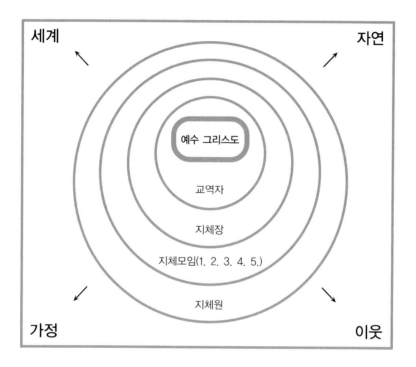

- 엔크리스토 제자양육 조직은 상하명령식인 라인조직이 아닌 상호 유기적인 교제가 이루어지는 원형 조직입니다. 머리되신 예수 그리스도를 중심으로 모두가 그리스도의 몸된 공동체를 이루는 교회 모습을 지향합니다. 유기적인 원형조직에서는 머리이신 예수 그리스도 이외는 높고 낮음이 없이 모두 평등합니다. 모두가 그리스도 안에서 만인 제사장입니다. 그러나 그리스도의 몸 안에서 분량에 맞는 역할과 책임이 있다는 면에서 서로 다릅니다.
- 그리스도, 교역자, 지체장, 지체모임, 지체원은 각자 분리된 것이 아니라 서로 긴밀히 연결된 유기적 관계이며 하나의 생명체입니다. 개인이 아닌 몸된 교회입니다. 세상으로 나갈 때는 각 개인(지체들)으로 가정, 이웃, 세계, 자연 속에서 사명을 감당하지만 결과적으로는 몸된 교회로서 움직이는 것입니다. 교회와 지체와 나는 분리될 수 없는 하나입니다. 교회의 영광이 곧 나의 영광이며 나의 영광이 곧 교회의 영광인 하나된 구조입니다.

그리스도와 공동체가 맺은 공동체 약속

    나는 예수 그리스도가 나의 구주되시며, 주님은 나에게 힘을 주시는 분인 줄 믿습니다.

    나는 주님의 제자가 되는 제자양육 과정을 통하여 주님이 원하시는 충실한 제자가 될 줄 기대하며 믿습니다.

    나는 하나님의 말씀을 배우면서 주님을 닮은 자가 되기 위하여 다음에 대한 것을 성실히 지킬 것을 주님과 지체원들에게 약속합니다.

1. 시간을 꼭 지키며 모임에 빠지지 않도록 합니다.
   (불가피할 경우 사전에 연락하며 보충을 받도록 합니다)
2. 이 과정을 마칠 때까지 모임과 지체원들을 위하여 일주일에 한번 이상 기도합니다.
3. 이 과정을 성실히 마치도록 돕는 기도후원자를 둡니다.
   (기도후원자 이름: 관계:)
4. 매과의 해당 성경본문을 3번 이상 읽고 교재를 준비해 옵니다.

                  200   ,   ,

                    이름:

                    서명:

엔크리스토 제자양육 성경공부는 하나님의 말씀을 통해 그리스도의 제자로 양육하는 특징을 가지고 있습니다. 어느 한부분이 아닌 전인적인 측면에서 제자를 양육하는 한국토양에 맞는 제자양육 과정입니다.

특징

1. 교회와 생활을 변화시키는 새로운 패러다임의 통합형 전인 제자양육 과정입니다

복음 소개와 전도, 일대일 양육, 말씀공부, 영성훈련의 4가지 과정을 하나로 통합한 제자양육 과정으로 기존의 성경공부 중심으로만 되어 있는 제자과정을 뛰어넘는 새로운 형태의 통합형 전인적 제자양육입니다.

2. 제자양육의 핵심인 성경공부는 본문을 중심으로 한 귀납적 성경공부와 이야기대화식 성경공부를 통합한 성경공부입니다

기본적으로 관찰, 해석, 적용의 과정을 거치면서 실천에 이르게 하는 특징을 가지고 있습니다. 또한 이야기와 대화식을 통하여 생동감 있는 말씀으로 생활에 적용하는 가장 효과적인 성경공부 방법을 사용하고 있습니다.

3. 제자양육을 위한 소그룹과 나눔을 사용한 제자 양육과정입니다

일방적인 주입식 공부가 아니라 소그룹에서 서로 나눔을 통하여 말씀의 깊이를 알아가며 그것을 생활에 적용하는 제자양육 과정입니다.

4. 양육의 핵심은 성경공부를 중심으로 하되 이것을 실천하는 영성훈련 과정을 통해 전인적이고 실제적인 제자양육을 하는 과정입니다

영성훈련의 과정은 일회적이 아닌 지속적으로 반복하여 훈련할 수 있게 구성했으며 실제적으로 활용할 수 있는 방법들을 제시했습니다.

5. 신앙의 기초와 뼈대와 성장과 열매를 맺는 생명의 과정으로 자연스럽게 복음과 말씀을 만나 주님을 닮아가는 제자양육 과정입니다

생명체인 식물처럼 자연스러운 신앙과 유기적인 교회 성장을 기할 수 있도록 구성이 되었습니다. 교재 내용을 그대로 따라서 과정을 이수하다 보면 자연스럽게 생활에 익숙해지는 양육의 특징을 가지고 있습니다.

6. 제자로서 꼭 알아야 할 가장 중요한 신앙의 핵심과 뼈대를 중심으로 구성되었습니다

주님의 칭찬을 받는 제자와 신앙이 자라기 위해서 꼭 필요한 영양분과 같은 내용으로 구성되었습니다. 신앙의 핵심을 이해하면서 신앙의 기초를 든든히 하며 신앙 성장을 이룰 수 있습니다.

구성

제자양육을 만드는 전체과정은 크게 네 가지 과정으로 구성이 되었습니다.

1. 복음소개-비전 품기-전도 과정(1권)
2. 일대일양육-토양 가꾸기-기초과정(2권)
3. 말씀양육-뼈대와 성장과 열매 맺기-양육과정(3-6권)
4. 영성훈련-거름주기-영성과정(7권)

소그룹 속에서 행해지는 각과 성경공부 과정은 크게 다섯 단계를 염두에 두고 구성되었습니다.

- **도입-마음 열기**

  1단계─솔직하고 겸손한 마음을 가지라

- **말씀의 살핌-말씀을 듣고 받기-** `관찰`

  2단계─말씀을 들으라

  3단계─나의 말씀으로 받으라

- **말씀의 깨달음-말씀을 깨닫기-** `해석`

  4단계─말씀의 의미를 깨달으라

- **말씀의 적용-말씀을 적용하기-** `적용`

  5단계─깨달은 말씀을 적용하라

- **실천을 위한 묵상-실천과 결단 하기-** `실천`

  6단계─적용된 말씀을 삶에서 실천하라

  인내하면서 나가면 때가 되면 30배, 60배, 100배 열매를 맺는다.

복음과 만남과 일대일 양육 과정은 처음 제자훈련할 때 시행할 수 있는 **일회 과정**입니다. 그러나 영성훈련은 **평생 과정**입니다. 상황에 따라 이 부분을 현장에서 적절하게 사용하면 큰 유익이 될 것입니다.

교 재   사 용 법

1. 본 제자양육 성경공부는 주로 귀납적 방법과 이야기대화식 방법을 사용함으로 필자의 책을 참조하여 미리 이해하면 유익합니다. (이야기대화식 성경연구(엔크리스토 刊))

2. 본 제자양육은 설교식이나 일방적 강의가 아니라 함께 토의를 하면서 해답을 찾아가는 것이며 오늘 주시는 하나님의 음성을 듣는 것입니다.
   가능하면 미리 해답을 말하기보다는 점차 밝혀지는 방향으로 나아가야 합니다.

3. 본 제자양육 성경공부는 전인적인 삶에 목표를 두면서 머리와 가슴과 발과 손을 통합한 전인적인 의미에서 제자양육입니다.

4. "영성훈련" 과정은 수시로 사용할 수 있고 과정 중에 사용할 수도 있습니다. 영성훈련은 서로 도와주고 이끌어 주면서 생활 속에서 훈련해야 합니다. 이것은 제자양육이 자칫 성경공부로만 그치는 것을 극복하게 합니다.
   이런 영성훈련 과정을 통하여 성경을 구체적으로 적용하는 능력이 생기게 됩니다. 그러므로 이것은 맨 마지막 과정에 사용하기보다는 중간 중간 필요한 상황에 따라 수시로 사용하는 게 좋습니다. 또한 과제 등으로 내줄 수 있습니다.

5. 본 제자양육 과정을 공부하기 위해서는 한 그룹을 "○○지체"라 부르고 구성원은 "○○지체원" 전체를 "○○ 교회공동체"라 부릅니다. 모임을 총괄하는 사람은 "지체장", 성경과 양육을 담당하는 사람은 "교사"라고 부릅니다. 지체장은 전체적인 내용, 즉 봉사와 모임과 지체들과의 관계 등을 채워주고, 교사는 그날 주어진 말씀과 신앙생활을 주로 가르칩니다. 기존의 소그룹을 그리스도의 몸의 측면에서 이해하는 유기적인 조직으로서 오가닉 교회의 모습입니다.

엔크리스토 제자양육과정 전체요목

3 새로운 사람 | 뿌리 내리기-정착 |

1. 회개와 나
2. 예수님과 나
3. 성령님과 나

4 성장하는 사람 | 뼈대 세우기-성장 |

1. 말씀과 함께
2. 기도과 함께
3. 찬양과 함께

5 변화된 사람 | 터 다지기-사역 |

1. 순종의 삶
2. 교제의 삶
3. 전도의 삶

6 영향력 있는 사람 | 열매 맺기-생활 |

1. 사랑을 위하여
2. 평화를 위하여
3. 하나됨을 위하여

엔크리스토 제자양육과정 전체요목

7 영성훈련 | 거름주기-영성 |

1. 말씀(시편)기도
2. 경건의 시간(큐티)
3. 관계훈련
4. 성경통독
5. 대화기도
6. 말씀찬양
7. 홀로시간
8. 중보기도
9. 찬송기도
10. 듣고 말하는 기도
11. 식탁의 사귐
12. 영적독서
13. 섬김훈련
14. 사랑의 실천
15. 전도훈련
16. 복음현장 탐험
17. 리트릿수양회

엔 크 리 스 토   제 자 양 육 과 정 표

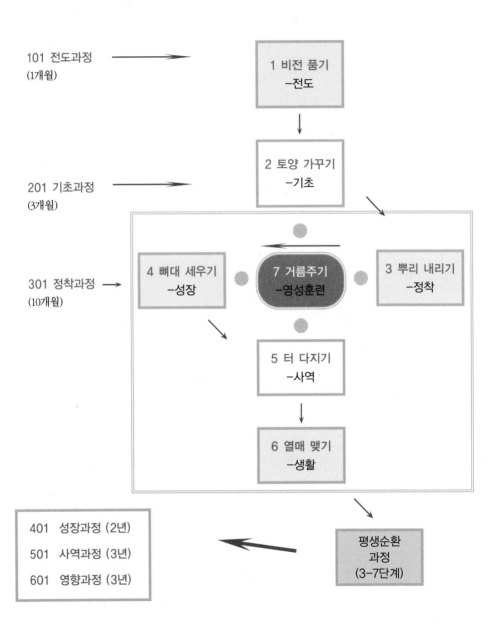

101 전도과정
(1개월)

1 비전 품기
－전도

2 토양 가꾸기
－기초

201 기초과정
(3개월)

301 정착과정
(10개월)

4 뼈대 세우기
－성장

7 거름주기
－영성훈련

3 뿌리 내리기
－정착

5 터 다지기
－사역

6 열매 맺기
－생활

401 성장과정 (2년)

501 사역과정 (3년)

601 영향과정 (3년)

평생순환
과정
(3-7단계)

차례

들어가면서

하나님(예수님, 성령님)에 대한 믿음의 뿌리를 내린 이후에는 그것을 기반으로 하여 성장을 이루어야 합니다. 신앙의 건강한 성장을 이루기 위해서는 핵심이 되는 뼈대가 튼튼해야 합니다. 이것은 앞으로 신앙을 성장하게 하는 중요한 요소일 뿐더러 평생 동안 해야 하는 신앙의 기본입니다. 그리스도인의 신앙이 얼마만큼 자라는지의 여부는 바로 이 뼈대가 얼마나 튼튼하게 나의 삶을 지탱하는가에 달려 있습니다.

뼈대가 튼튼하지 못하면 성장하는 데에 걸림돌이 됩니다. 신앙 성장을 위해서는 뼈대를 강건하게 세워야 합니다. 이것은 평생 해야 하는 일입니다. 뼈대 중에서 가장 기초이며 중요한 성장 뼈대는 무엇일까요?

말씀과 기도와 찬양입니다. 이것은 개인적으로 훈련하면서 성장할 수 있는 신앙의 핵심 뼈대입니다. 물론 여기서 가장 중요한 것은 말씀입니다. 기도와 찬양은 말씀에 근거하여 자라게 됩니다. 이 셋은 상호적으로 연결하여 함께 세워져야 합니다.

말씀은 하나님의 기준으로, 모든 것은 이 뼈대가 중심이 되어야 합니다. 모퉁이 돌과 같은 역할을 하는 중심 뼈대입니다. 이것과 함께 기도와 찬양의 뼈대가 함께 삶 속에서 형성된다면 우리의 신앙은 흔들림 없이 계속 자라게 될 것입니다.

말씀은 하나님의 모든 것이 다 들어 있는 영혼의 영양소입니다. 평생 먹어도 부족

함이 없는 풍성한 영혼의 꼴입니다. 이것을 통하여 신앙의 뼈대와 영양을 튼튼히 해야 합니다.

말씀을 통하여 하나님의 음성을 듣고 하나님의 생각과 마음을 알아가야 합니다. 인간의 생각에서 하나님의 생각으로 전환하는 것이 쉽지 않지만, 이것이 이루어지지 않으면 우리의 모든 일은 사상누각이 되고 맙니다. 하나님의 가치관으로 바르게 세워질 때 모든 것이 의미가 있습니다.

기도는 나의 문제점을 발견하면서 지속적으로 하나님의 뜻을 맞추어 가게 합니다. 기도를 통하여 하나님의 뜻과 하나님의 나라를 건설하는 지혜를 얻게 됩니다. 지혜는 하나님과 연결되는 영적 통로입니다. 하나님과 긴밀한 대화를 하면 말씀을 더 잘 이해하게 되고 하나님과 연합하게 됩니다. 기도를 통하여 하나님의 영에 충만할 수 있습니다. 기도는 하나님과의 관계를 지속하게 하는 영적 통로입니다.

찬양은 하나님을 위하여 살아가는 그리스도인의 삶을 의미합니다. 하나님을 찬양하는 사람이 되지 못하면 우리의 삶은 의미가 없습니다. 무엇을 하든지 하나님을 찬양하는 것과 연관되어야 합니다. 찬양을 통하여 신앙의 뼈대는 더욱 든든히 세워져 갑니다. 모든 인간이 자기를 자랑하는 세대 속에서 하나님을 찬양하며 하나님을 높이는 삶을 살아간다는 것은 놀라운 은혜입니다. 이것 역시 말씀과 기도처럼 한순간에 이루어지지 않습니다. 찬양 역시 계속 우리의 삶에서 자리 잡아야 하는 일입니다. 말씀을 듣고 함께 공부하며 기도에 열심을 갖는 것도 궁극적으로는 하나님을 더욱 더 찬양하기 위함이어야 합니다.

이 과정을 통하여 신앙이 성장하고 자라가는 중요한 뼈대를 세우는 계기가 되어야 할 것입니다.

성장하는 사람
| 뼈대 세우기–성장과정 |

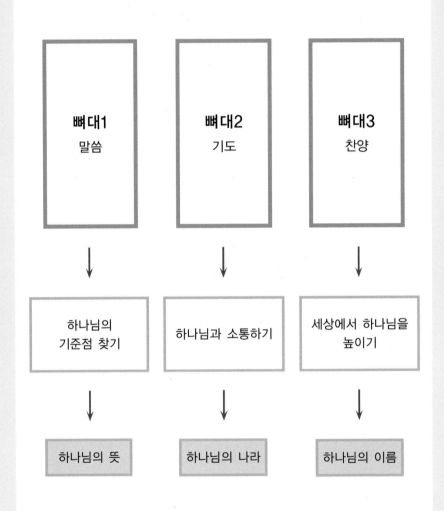

뼈대1 말씀	뼈대2 기도	뼈대3 찬양
↓	↓	↓
하나님의 기준점 찾기	하나님과 소통하기	세상에서 하나님을 높이기
↓	↓	↓
하나님의 뜻	하나님의 나라	하나님의 이름

말씀

사건이 되는 말씀

'말씀(말)' 이라는 단어는 히브리어로는 '다바르' 이다. 이것은 구약성경에 약 400회 가량 나옵니다. 그리고 칠십인역에는 '다바르' 가 '로고스' 나 '레마' 로 번역되어 있습니다. '다바르' 는 말뿐 아니라 행동까지도 포함됩니다. 다시 말하면, 말이 악하다고 할 때는 행동까지 악하다는 것을 의미합니다(시 35:20). 이것은 말이 하나의 사건이요 존재임을 뜻합니다. 이런 배경을 알면 창세기 1:3 이하에 나오는 "하나님이 말씀하시니 온 우주가 존재하게 되었다"는 말씀을 충분히 이해할 수 있게 됩니다. 기록된 말씀도 문자적인 것을 넘어서 이미 성취되고 이루어진 것을 말합니다. 하나님의 약속은 분명히 성취되고 틀림없이 목적한 바를 이루십니다(신 9:5). 그러므로 하나님이 말씀하시는 것은 곧 이루어지는 사건으로 이해해야 하며 하나님의 직접적인 행위와 밀접하게 연관됨을 알아야 합니다.

하나님의 말씀은 구약성경과(마 15;6) 신약성경(골 32:6)을 말합니다. 이것은 또한 예수 그리스도에게서도 똑같이 적용됩니다(요일 1:14). 예수 그리스도는 하나님의 인격적인 계시의 말씀입니다. 그것은 곧 말씀이 육신이 되는 사건 속에 우리 가운데 나타났고, 말씀이 곧 하나님이심을(요 1:1) 의미하는 것입니다. 성경은 이를 분명히 밝히고 있습니다.

구원이 되는 말씀

하나님의 계시의 말씀은 우리를 구원케 하는 능력의 말씀입니다. 이것은 여러 선지자의 입을 통해서, 또 구약을 통해서 나타났으며, 신약에 이르러서는 예수 그리스도를 통하여 좀 더 구체적이고 완전하게 나타납니다. 성경은 하나님의 말씀인 동시에 그리스도의 말씀입니다. 구원의 모습은 예수 그리스도께서 이 세상에 오심으로 구체화되고 현실화됩니다. 예수 그리스도는 죄인된 우리 인간을 구원하시기 위해 이 세상에 오셨습니다. 이것을 우리는 '복음'이라고 말합니다. 우리는 이 복음을 들음으로 구원에 이르게 되었습니다. 성경은 복음과 예수님을 동일하게 말하고 있습니다. 성경의 말씀은 스스로 성취하는 무한한 힘을 가지고 있습니다. 말씀 자체는 생동하는 힘이 있고 사람의 혼과 영과 골수를 쪼개는 위력이 있습니다(히 4:12).

이런 까닭에 우리들은 그리스도의 말씀을 통해서 계속 거듭나고 깨끗하게 할 수 있는 것입니다.

말씀과 성령의 관계

말씀은 성령의 감동에 의해서 기록되고 선포됩니다. 구약 시대 선지자들과 신약 시대 사도들이 한 계시의 말은 언제나 성령과 긴밀히 연관되어 있습니다(엡 3:5). 다시 말하면 선포되고 전달되고 기록되어진 말씀은 모두 성령의 조명이 있을 때 비로소 힘을 발휘하고 하나님의 말씀이 됩니다. 설교를 들을 때나 성경을 읽을 때, 또 성경을 연구할 때는 언제나 성령이 함께 해야 합니다. 그렇지 않으면 그 말씀은 하나님의 말씀으로서 의미를 상실하고 맙니다. 단순한 말이나 글로 남을 뿐 사건으로, 행동으로서 말씀은 되지 못합니다.

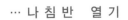

하나님은 이 세상을 창조하실 때 다른 것으로 만들지 않으시고 말씀으로 만드셨습니다. 이 사실은 우리에게 큰 의미가 있습니다. 이것은 오직 하나님만이 하실 수 있는 일이요 우리의 신앙과 모습이 어떠해야 함을 말해주는 것이기도 합니다. 하나님은 영이십니다. 육적인 우리 인간과는 전적으로 다릅니다. 육적인 인간의 눈으로는 영이신 하나님을 이해할 수도, 볼 수도 없습니다. 다만 하나님이 부어주신 영으로만 하나님과 대면할 수 있습니다. 하나님이 우리에게 자신을 계시해 주시지 않는 한 우리는 절대로 하나님을 만날 수도, 또 볼 수도 없습니다.

하나님을 만나는 사건은 전적인 하나님의 은혜가 있을 때 가능합니다. 하나님이 주도적으로 나타날 때 그 만남은 이루어집니다. 하나님은 이 세상에 말씀을 통해 나타나셨습니다. 말씀이 육신이 되어 우리 가운데 오셨습니다. 이런 면에서 그리스도는 곧 말씀이십니다. 우리가 하나님을 만날 수 있고 직접 대면할 수 있는 길은 성경인 하나님의 말씀을 통해서입니다. 이것은 하나님이 우리에게 주신 계시의 말씀이요 하나님의 뜻입니다. 영이신 하나님을 직접 만날 수 없지만 우리는 말씀을 통해서 만날 수 있습니다. 말씀을 멀리하는 생활은 하나님을 떠난 생활이요 말씀을 따라 살지 않는 것은 곧 하나님의 뜻을 저버리는 것입니다. 오늘도 하나님은 말씀을 통해 역사하시고, 이 말씀에 응답하고 순종하는 자를 통해 하나님의 나라를 이루어 가십니다.

그럼에도 불구하고 오늘날 우리는 말씀보다 다른 것을 더 중요시하는 경우가 많습니다. 말씀의 중요성은 아무리 강조해도 지나치지 않습니다. 오늘도 베드로처럼 "주여 영생의 말씀이 계시오니 우리가 뉘게로 가오리까?"(요 6:68)라는 고백의 생활을 해야 합니다.

구원에 이르는 지혜

본문 말씀 : 딤후 3:10-17

삶의 나눔

1. 지금까지 인생을 살아오면서 나의 잘못된 생활 모습을 지적해 주고 올바른 길로 이끌어 주었던 가장 기억나는 고마운 사람을 2~3명 정도 말해 보십시오. 아울러 다음 사항을 답해 보십시오.

사람	어느 때	그때의 심정	지금의 상황

2. 현재 나의 모습을 매일 비추어 주고 자기를 깨닫게 하는 거울과 같은 사람이나 일이 있으면 이야기해 보십시오.

1) 사람:

_____

2) 사건이나 일:

_____

말씀의 살핌

도움의 글

본문의 배경

본문은 바울이 디모데에게 사역자로서 어떤 길을 걸어가야 하는지를 말해주는 권고의 내용입니다. 디모데는 어려서부터 외조모 '로이스' 와 어머니 '유니게'에게서 성경을 배웠습니다. 물론 여기서 디모데가 배운 것은 구약성경이었습니다. 유대인은 5세가 되면 가정에서 율법을 배우고 6세가 되면 랍비에게서 율법을 배웠습니다. 유대인들은 어릴적부터 철저히 교육을 받아 자신의 이름은 잊어버려도 율법을 잊어버리는 일은 없다고 합니다.

특징

디모데후서에서 중요한 낱말은 "말씀"과 "인내"입니다. 바울이 감옥에서 영적 아들인 디모데에게 자기의 사랑과 기도를 확인시키고 디모데가 받은 훌륭한 영적 유산을 끝까지 잘 지키라고 권면하고 있습니다. 아울러 박해가 있다 할지라도 복음을 담대하게 전파하는 사명을 다하라고 격려하고 있습니다.

---

1. 디모데가 배우고 알았던 바울의 생활은 어떤 모습이었습니까?(10)

_____

_____

2. 바울을 모든 어려움과 고난에서 이기게 해주신 분은 누구입니까?(11)

_____

_____

3. 예수 안에서 경건하게 살고자 하는 사람은 무엇도 함께 감수해야 합니까?(12)

_____

_____

4. 악한 사람들은 점차 어떻게 변해 갑니까?(13)

_____

_____

5. 악한 세상을 보면서 그것을 이기기 위해 바울이 디모데에게 특별히 강조하는 말은 무엇입니까?(14)

_____

_____

6. 디모데는 언제 누구에게 진리의 말씀을 배웠습니까?(14-15, 참고, 딤후 1:5)

_____

_____

7. 성경의 목적은 무엇입니까?(15-17)

_____

_____

8. 성경은 무엇으로 기록된 책입니까?(16)

_____

_____

9. 성경이 하는 기능은 어떤 것들이 있는지 말해 보십시오.(16)

_____

_____

말씀의 깨달음

1. 경건하게 하나님의 말씀에 따라 살고자 하면 많은 어려움이 따릅니다. 왜 하나님의 말씀을 따라 사는 삶에는 핍박이 닥쳐온다고 생각합니까?(참고, 시 34:19; 마 13:21; 행 5:40-42)

_____

_____

2. 성경을 어려서부터 배우고 알아야 하는 이유는 무엇입니까?(참고, 엡 4:13-14)
아울러 성경이 구원에 이르는 지혜가 있다는 의미가 무엇인지 설명해 보십시오.

_____

_____

3. 사람을 변화시키기 위해 우리는 다양한 방법들을 사용합니다. 그러나 교만하고 강퍅한 인간을 변화시킬 수 있는 길은 오직 성경밖에 없습니다. 왜 그런지 그 이유를 말해 보십시오.(참고, 요 8:31-32, 36, 15:8-11)

_____

_____

말씀의 적용

1. 말씀을 가까이하는 생활로 인하여 고난이나 핍박을 받아 본 경험이 있습니까? 있다면 그때는 어느 때이고 어떻게 그것을 이겼습니까?

_____

_____

_____

2. 세상이 점차 악해져가고 있음을 우리는 피부로 느끼게 됩니다. 스스로 속이고 속임을 당하는 삶의 현장에서 살고 있고, 우리는 세상의 유혹을 이기기 힘들 때가 많습니다. 이런 때일수록 가장 먼저 해야 할 일은 무엇입니까?

_____

_____

_____

3. 성경 말씀이 나를 개혁해 주고 변화시켜 주는 생생한 체험을 한 적이 있는지 함께 나누어 보고 앞으로 내가 해야겠다고 결심한 일들을 이야기해 보십시오.

01

· 자기 점검표

점검 사항	예	아니요
· 성경책을 책상이나 책꽂이에서 가장 잘 보이는 곳이나 손이 잘 닿는 곳에 두고 있습니까?		
· 하루에 한 번 성경을 읽고 있습니까?		
· 성경을 읽을 때 읽는다는 생각보다 하나님의 음성을 듣는다는 생각으로 읽고 있습니까?		
· 성경 말씀이 성령의 감동으로 쓰인 책임을 믿습니까? 또한 성령의 역사가 읽는 순간에도 역사함을 체험한 적이 있습니까?		
· 성경을 사랑하는 것이 하나님을 사랑하는 것임을 알아 성경을 대할 때 하나님을 대하는 것처럼 하고 있습니까?		
· 말씀이 달콤하고 생명력 넘치는 책임을 확신합니까?		

함께 기도하기

1. 말씀이 곧 영이신 하나님이심을 믿게 하소서.
2. 하루하루의 삶을 말씀을 통해 개혁하는 생활이 되게 하소서.
3. 말씀을 가까이할 수 있는 마음과 환경을 주소서.

묵상의 글

전도를 잘하는 어느 목사님에게 어떤 젊은 부인이 찾아왔습니다. 부인은 전도할 때에 여러 가지 마음에 거리끼는 점이 있다고 말했습니다. 목사님은 고린도후서 6:2의 말씀을 읽어 주고 "지금은 은혜 받을 만한 때요 구원하시는 날"이라고 말했습니다.

이 부인은 예수님을 영접하지 못한 상태에서 전도하려고 하니 마음의 거리낌이 생겼습니다. 그러나 그 말씀이 젊은 부인의 귀에 들리는 듯하여 마음을 고쳐먹고 예수님을 믿었습니다.

하나님의 말씀인 성경은 구원에 이르게 하는 능력이 있습니다. 비록 인간이 보기에는 하찮은 글자에 불과하다고 말할지도 모르겠지만 성경 말씀은 성령의 능력이 함께할 때는 회개하고 예수를 구주로 영접하게 하는 놀라운 힘이 있습니다. 하나님의 말씀은 복음입니다. 이 복음은 인간을 죄에서 살리는 놀라운 힘이 있습니다.

> "이 복음은 모든 믿는 자에게 구원을 주시는
> 하나님의 능력이 됨이라"
> (롬 1:16)

31

삶을 바꾸는 성경

본문 말씀 : 시편 19:7-14

삶의 나눔

1. 한 가족에는 조상으로부터 내려온 전통이 있습니다. 한 가정에는 지켜야 할 가훈이 있습니다. 학교나 직장에는 교훈과 사훈이 있습니다. 어떤 것들이 있는지 말해 보십시오.

2. 서로 발표해보고 그 중에서 마음에 드는 것을 골라 보십시오.

3. 나의 삶을 바꾸게 한 사건, 영향을 끼친 인물이나 책의 구절이 있으면 함께 나누어 보십시오.

가 훈	교훈이나 사훈	나의 좌우명

말씀의 살핌

시대적 배경

시편은 모세로부터 포로시대 후기인 에스라, 느헤미야에 이르는 긴 기간 중에 완성된 것입니다. 시편은 성경 책 중에 가장 길고 크게 5권의 책으로 묶여 있습니다. 그리고 생활의 여러 부분이 나타나고 있어서 그 주제가 넓습니다. 그러므로 시편을 읽을 때는 여러 상황과 대상, 분위기 등을 잘 고려하여 읽어야 합니다. 그 내용은 대체적으로 예배, 고백과 기도, 감사, 사건의 교훈, 찬양. 신앙 지도 등의 여러 형태로 나타나고 있습니다.

본문의 배경과 내용

시편 19편은 크게 두 가지로 나뉘는데 19:1-6은 자연을 통한 하나님의 계시에 대하여, 19:7-14은 하나님의 말씀에 대하여 노래하고 있습니다. 하나님을 부르는 명칭도 차이가 있는데, 전자는 '하나님' 이라고 말하는 반면 후반부에는 그 이름이 '여호와' 로 불리고 있습니다. 시편 19편은 하나님을 아는 길에 대해서 말하고 있는데 그것은 자연, 양심, 말씀을 가리킵니다(참고. 롬 10:18, 1:20).

용어 해설

―소성(7): 잃었던 정신이 다시 깨어남.

―규례(9): 일정한 규칙.

―고범죄(13): 율법을 멸시하고 도전하면서 양심의 실질적인 경고에 귀를 기울이지 않고 죄를 짓는 것.

―열납(14): 기쁘게 받아들이는 것.

02

1. 하나님의 말씀에 대한 또 다른 명칭들이 나오는데 그 내용은 무엇입니까?(7-9)

_____

_____

2. 성경이 지닌 훌륭한 특성들은 무엇이며 아울러 이런 성경은 인간을 어떻게 변화시키는지 말해 보십시오.(7-9)

	특 성	인간을 변화시키는 내용
1		
2		
3		
4		
5		
6		

3. 하나님의 말씀을 세상의 무엇과 비교하고 있으며, 무엇보다 소중하고 좋은 것임을 말하고 있습니까?(10)

_____

_____

4. 주의 종(다윗)이 무엇을 통해 자기 개혁과 경계를 한다고 했습니까? 이것을 지키는 자에게 주시는 축복은 무엇입니까?(11)

_____

_____

5. 하나님의 말씀을 묵상하고 가까이하면 우리에게 어떤 생명의 유익이 있습니까?(12-13)

_____

_____

6. 다윗은 마지막으로 하나님을 찬양하고 있는데 그 내용은 무엇입니까?

　1) 그가 믿는 하나님은?

　_____

　_____

　2) 그의 소원은?

　_____

　_____

말씀의 깨달음

1. 하나님의 말씀 안에는 인간이 예측할 수 없는 신비한 힘이 있습니다. 어떻게 해서 성경이 살아 있는 말씀이 될 수 있는지 말해 보십시오. 또 마음을 기쁘게 해주고 눈을 밝게 해준다는 의미는 무엇인지 말해 보십시오(참고, 시편 36:9, 119:162, 111, 143).

_____

_____

2. 꿀과 송이꿀은 인간이 좋아하는 것입니다. 그러나 이것은 일시적일뿐 영원한 즐거움을 주지 못합니다. 감각적이고 촉각적인 즐거움은 인간의 영혼을 타락시키고 계속된 만족을 주지 못합니다. 하나님의 말씀이 꿀보다 더 달다고 했는데, 어떻게 말씀이 꿀보다 더 달다고 할 수 있는지 이야기해 보십시오(참고, 시 119:103; 잠 25:13-14).

_____

_____

3. 삶 속에서 말씀을 통해 내가 경고를 받는다고 했는데 구체적으로 어떻게 하는 것을 의미합니까?

_____

_____

말씀의 적용

1. 오늘 하루 생활 속에서 알면서 지은 고범죄를 말해 보십시오.

_____

_____

2. 우리는 죄악 가운데 살 수밖에 없습니다. 죄가 나를 더 이상 주장하지 못하게 하기 위해서 자기 개혁이 날마다 일어나야 하는데 이것을 위해서 나의 하루 생활은 어떻게 해야 하는지 말해 보십시오.

---

3. 미처 발견하지 못한 나의 숨은 허물을 말씀에 비추어 찾아보십시오.

물음	예	아니오	잘 모름
· 영혼이 잠자고 있다.			
· 일을 처리할 때 지혜롭게 잘 처리한다.			
· 마음이 기쁜 하루 생활이다.			
· 나의 죄악된 모습을 볼 수 있는 눈을 가졌다.			
· 하나님의 말씀이 달콤함을 체험한 적이 있다.			
· 하나님의 말씀이 이 세상 어느 것보다 귀한 것인 줄 안다.			

함께 기도하기

1. 말씀의 지배를 받는 삶이 되게 하소서.
2. 오늘 내가 고쳐야 할 부분을 깨닫게 하시고 말씀의 능력으로 정결케 하소서.

묵상의 글

역대 역사가들은 청교도 시대의 영국을 이렇게 말했습니다.
"오랜 국회로부터 엘리사벳 치세 중간 시대에 오는 동안에 영국
국민들처럼 도덕적 변화가 컸던 예는 없었을 것입니다. 영국 국
민은 한 책의 국민이라고 볼 수 있는데 그 책이 바로 성경입니다.
저희들은 성경을 교회에서 읽고 집에서도 읽었습니다. 이 말씀
이 귀에 들어갈 때에는 어디서든지 변화가 일어났습니다. 전 국
민의 성격이 변화되었습니다. 새 생활 철학과 새 인생관이 옛 생
활과 교체되었습니다. 새로운 도덕적 자극이 각 계층에 전파되
었습니다. 영국 사람이 문화민족이 되기까지는 성경의 역할이
크게 작용했음을 부인하지 않을 수 없습니다."

성경은 한 인간뿐만 아니라 가정과 사회를 변화시킵니다. 아울
러 전 국민을 변화시키는 힘이 있습니다. 그것은 인간의 생각이
나 경험이 아닌 하나님의 지혜와 계시의 비밀이 있기 때문입니
다. 말씀으로 천지를 창조하신 하나님의 위대하심이 오늘 말씀
을 대할 때 나타납니다. 놀라운 역사와 초자연적인 기적이 나타
납니다.

사랑의 계명

본문 말씀 : 신명기 6:1-9

삶의 나눔

1. 다음과 같은 사건이 나에게 일어났다고 가정해 보십시오.

어느날 나는 A라는 사람을 무척 사랑하게 되었다. 이전에는 별로 관심이 없었고, 사랑할 만한 대상이라고 생각해 본 적도 없는 사람이었다. 그런데 어느날 갑자기 사랑하는 사이가 되었다. 왜 그렇게 되었는지 나도 모른다. 그러나 지금 이 순간 A를 사랑하게 되었다는 것은 부인할 수 없는 사실이다.

· 질문 | 사랑의 감정이 들 때 A라는 사람에 대한 나의 행동은 어떻게 변화되었습니까?(연인이라 가정해도 좋음)

—생각은? _____

—행동은? _____

—나의 언어는? _____

—약속이나 만남에 대한 것은? _____

—나의 느낌과 소원은? _____

—기타 _____

말씀의 살핌

도움의 글

시대적 배경

모세가 쓴 것으로, 백성이 하나님을 믿고 순종함으로 하나님께 복을 받게 하려는 의도가 담겨 있습니다. 이 책에는 여리고와 요단강 동편 모압 평지에서 일어난 1개월간의 일이 기록되었습니다.

특징

신명기는 모세가 가나안 땅에 들어갈 차세대 이스라엘 백성에게 전한 설교입니다. 신명기에는 율법이 함께 들어 있는데 이스라엘이 하나의 국가로서 약속의 땅 가나안에서 실시한 법입니다. 여기에는 제사법, 국가법, 생활도덕법 등이 포함되었습니다. 신명기의 주요 주제는 시내산에서 처음 맺은 언약이 모압평지에서 확대되고 새롭게 적용시켜 전개한 것으로 우리는 이 책을 "기억의 책", "갱신의 책"이라고 말합니다.

내용

신명기에는 크게 두 가지 내용이 기록되어 있습니다.

첫째는 하나님이 행하신 것은 무엇인가 하는 역사적인 것이고, 두 번째는 하나님이 이스라엘에게 바라시는 것은 무엇인가 하는 법적인

것, 그리고 하나님이 앞으로 행하실 것은 무엇인가 하는 예언적인 것

들을 담고 있습니다.

본문의 배경

신명기에는 '들으라' 는 표현이 많이 나오는데 이것은 유대교의 핵심

인 '쉐마(들으라)' 입니다. 유일하신 하나님이 우리들의 하나님이라는

것이 핵심 내용입니다.

용어 해설

−하나(4): '홀로' , '나만의' 란 뜻이 아닌 '유일한' 이란 의미를 지니

　고 있습니다.

−마음(5): 사랑과 정서가 있는 곳입니다.

−가르치며(7): 반복한다는 뜻으로 유대인들은 반복하는 암기교육을

　많이 했습니다.

−미간(8) : 두 눈썹 사이.

−손목(8): 유대인들은 금속 상자를 왼쪽 손목 혹은 미간에 붙이고 다

　녔습니다. 그 손에는 구약성경의 단편이 들어 있습니다.

----

1. 하나님께서 가르치라고 명하신 세 가지는 무엇입니까? 또 이

것은 어디서 행할 것입니까?(1)

_____

_____

2. 하나님의 말씀(율법)을 우리에게 주신 근본목적은 무엇입니

까?(2-3)

_____

_____

03

3. 우리가 믿는 하나님은 어떤 하나님이십니까?(4)

_____

_____

4. 하나님의 말씀이 단순히 글자를 넘어 대화할 수 있는 인격임을 말해주는 단어를 찾아 보십시오(3-4).

_____

_____

5. "다하여" 라는 단어가 계속 두 번 나오는데 그 뜻은 무엇입니까?(5)

_____

_____

6. 하나님을 어떻게 사랑해야 합니까?(5)

_____

_____

7. 하나님의 말씀을 우리 마음에 어떻게 하라고 하십니까?(6)

_____

_____

8. 하나님의 말씀은 우리의 삶과 어떻게 연결시켜야 합니까?(7)

_____

_____

9. 말씀을 구체적으로 생활과 가까이하는 방법은 무엇입니까?
(8-9)

_____

_____

말씀의 깨달음

1. 하나님은 "하나님의 명령과 규례와 법도를 건너가서 얻을 땅
에서 행하라"고 했는데 이것이 의미하는 영적 교훈은 무엇입니
까?(참고, 요일 5:1-5, 3:23-24)

_____

_____

2. 사랑이라는 단어는 추상적입니다. 사랑은 말이 아닌 행동으로
연결될 때 참사랑이라 할 수 있습니다. 우리가 하나님을 진정 사
랑한다 할 때는 무엇을 통해 그것을 증명할 수 있습니까?(참고,
요일 5:2, 2:2-6)

_____

_____

3. 말씀을 사람의 눈에 보이고 만질 수 있는 손목이나 미간에, 문
설주, 바깥문에 두라고 한 특별한 이유는 무엇입니까? 어떻게 하
는 것이 말씀을 마음에 새기는 것이 되는지 말해 보십시오.

_____

_____

말씀의 적용

1. 나는 하나님의 말씀을 읽을 때 어떤 마음으로 대하고 있습니까? 예를 들면 지식을 얻는다는 생각으로 성경을 읽습니까, 아니면 하나님과 대화한다는 마음으로 또는 말씀을 듣는다는 자세로 성경을 대하고 있습니까?

_____

2. 하루의 생활 중에서 나는 얼마만큼의 시간을 하나님의 말씀과 함께하고 있습니까?

_____

3. 생활 속에서 말씀을 가까이하는 방안으로 말씀을 붙여 둘 수 있는 장소를 정하고 실천해 보십시오.

장　소	성경 구절 내용

4. 말씀을 가까이하는 방법으로 다섯 가지를 말합니다. 즉 듣기, 읽기, 연구, 암송, 묵상입니다. 이것을 서로 균형 있게 생활에 적용하면 유익합니다. 나의 일주일 생활 중에서 실천하고 있는 내용을 적어 보고 앞으로의 계획을 말해 보십시오.

_____

_____

묵상의 글

동물학자들은 말합니다.

"새는 먹지 않고 9일을 산다. 사람은 12일, 개는 20일을 산다. 거북이는 500일, 뱀은 800일, 물고기는 1000일, 그리고 곤충은 1200일을 먹지 않고 산다."

그러나 생물은 먹지 않으면 결국 죽게 됩니다. 먹지 못하면 힘을 쓰지 못할 뿐만 아니라 일도 못 합니다.

굶주린 새가 높이 날지 못하고 굶은 물고기는 파도를 거슬러 나갈 수 없습니다. 굶은 뱀이 독수리와 싸울 수 없고 굶은 쥐는 고양이의 추격을 피할 수 없습니다. 마찬가지로 영의 양식인 하나님의 말씀을 가까이하지 않는 그리스도인은 마귀의 유혹과 거센 힘에 대항할 수 없습니다. 계속되는 세상의 어려움을 이기고 선에 이르는 생활을 하기 위해서는 성령의 검, 즉 하나님의 말씀을 가져야 합니다.

힘 있는 그리스도인, 능력 있고 담대한 그리스도인, 용기 있는 그리스도인이 되는 비결은 오직 말씀 안에 거하는 데 있습니다.

함께 기도하기

1. 하나님의 말씀을 생활 속에서 늘 가까이하고 진심으로 사랑하게 하소서.
2. 그 사랑을 생활 속에서 실천할 수 있는 힘을 주소서.

기도

    기도는 그리스도인의 삶에 있어서 중요한 부분입니다. 기도는 하나님과의 대화이자 하나님께 드리는 예배입니다. 유대인들은 성전을 잃어버렸을 때 기도를 통하여 예배의 삶을 살았습니다. 기도는 혼자 명상하고 생각하는 주문과는 구분됩니다. 기도는 하나님과 인격적으로 대화하는 것입니다. 하나님과 인간이 영적으로 교감하는 인격적인 교류입니다. 기도는 단순히 하나님께 말하는 것을 넘어 하나님의 말씀을 듣는 것도 포함됩니다. 기도를 단순히 청원하는 것으로만 이해하면 인격적인 교제와 만남을 이루기 어렵습니다. 기도의 응답은 그냥 열심히 구하면 이루어지는 것이 아니라 하나님의 뜻대로 해야 이루어집니다. 이것은 하나님과의 만남을 전제합니다. 기도하지 않으면 하나님과의 영적 대화가 막혀 있는 것을 뜻합니다.

    기도는 삼위일체적인 성격을 포함해야 합니다. 기도의 대상은 하나님이시고(행 12:5), 기도를 할 때는 예수 이름으로 해야 하고(요 14:13), 성령의 능력에 의지하여(렘6:18) 기도해야 합니다. 기도는 인간이 하는 것이지만 전적으로 하나님과의 관계 속에서 이루어지는 행위입니다.

구약성경의 기도

    구약성경에서는 하나님과 언약 관계를 맺은 사람들이 하나님과 교제하는 기도가 나타나고 있습니다. 하나님께 기도한다는 것은 비인격적인 대상에 무조건 아뢰는 이방의 기도 모습과는 다릅니다. 인격적인 하나님과 생각을 나누고 그 느낌을 공유하면서 점차 하나님의 뜻에 자신을 맡기면서 하나님의 뜻을 행하는 행위가 포함됩니다. 마치 사람과 대화를 나누듯이 전인격적인 만남을 가지는 것입니다. 구약성경에서의 기도는 개인적인 면과 공동체적인 기도가 같이 나타납니다. 하나님의 종들이 하나님과 대화하는 모습이 여러 군데에서 발견됩니다. 특히 하나님의 종들은 백성과 하나님 사이에서 중보자로서 기도하고 있습니다. 아브라함과 모세가 그 예입니다.

히브리어로 기도는 '테필라' 입니다. 이것은 '자신을 판단하라' 는 의미를 가지고 있습니다. 기도는 하나님 앞에서 자신을 돌아보는 것입니다. 그리고 무엇이 잘못되었는지 자신을 판단하여 하나님의 뜻에 순종하는 것입니다. 매일 거울을 보듯이 매일 기도를 통하여 하나님 앞에서 자신을 돌아본다면 우리의 삶은 많이 달라질 것입니다. 내가 변화되면 다른 것들도 자연스럽게 변화될 것입니다.

신약성경의 기도

신약성경에서는 예수님의 기도가 중요한 위치를 차지하고 있습니다. 특별히 예수님은 제자들에게 기도를 가르쳐 줌으로 기도훈련의 모습을 보여주고 있습니다. 기도의 대상인 하나님을 '아버지' 라고 부르면서 기도를 아버지와 자녀가 친근하게 대화하는 모습으로 그리고 있습니다. 하나님을 아버지란 말로 대치시키고 있는데 이는 더 이상 높은 곳에만 계시는 하나님이 아닌 인간에게 가깝게 다가오시는 주님을 의미합니다. 한 사람의 마음속에 내재하시어 인간의 고난에 함께 동참하시면서 고민을 들어주시고 바른 길로 인도해 주시는 그런 하나님이십니다. 다른 종교에서는 '신이여' 라고 부르면서 기도할 뿐 '아버지' 라고 부르면서 기도하지 않습니다.

기도의 목적은 우리의 뜻을 하나님께 강요하는 것이 아니라 오늘 나에게 주신 하나님의 뜻을 발견하고 하나님을 경배하고 찬양하며 그 뜻에 복종하는 것입니다. 기도할 때 먼저 하나님께 영광을 돌리는 찬양을 드려야 하고, 기도를 마칠 때에도 하나님께 영광을 올리는 것으로 마무리해야 합니다. 기도는 하나님께 가까이 가게 하는 은혜의 통로요 힘과 용기를 얻는 능력의 원천입니다. 사도 바울은 예수 그리스도가 우리를 위하여 간구하고 계심을 특별히 강조했습니다(롬 8:34). 이는 구약에서 중보자인 대제사장의 역할을 그리스도가 맡고 계심을 의미하며, 우리가 그리스도를 의지함으로 기도해야 함을 보여주고 있습니다.

··· 나 침 반 열 기

기도는 그리스도인이 누릴 수 있는 최대의 특권입니다. 하나님은 우리에게 말씀을 통해 말씀하시지만 우리는 하나님께 기도를 통해 말을 합니다. 물론 우리가 먼저 말하는 것이 아니라 하나님이 먼저 말씀하시고, 그 다음 우리가 말을 하게 됩니다. 그런 이유로 사무엘과 같은 기도의 사람은 어릴 때부터 "주여 말씀하옵소서 주의 종이 듣겠나이다"라고 말하면서 기도훈련을 했습니다. 우리는 기도를 통하여 하나님께 말합니다. 하나님은 우리가 하는 모든 기도를 다 듣고 계십니다. 기도는 언어를 통해 말로 하지만 결국은 영과 마음으로 하는 것입니다. 마음과 영이 없는 기도는 더 이상 기도가 아닙니다. 기도는 누구든지 쉽게 하나님께 아뢴다는 점에서 쉽지만 하나님의 영으로 해야 한다는 점에서 어렵습니다. 인간의 노력이 아닌 하나님의 영이 우리에게 임해야 기도가 가능합니다.

주님을 마음으로 모시지 않는 사람은 그 안에 그리스도의 영이 없기에 기도할 수 없습니다. 기도의 모습을 취할 수는 있지만 그것은 진정한 의미에서 기도는 아닙니다. 아직 하나님과 만나지 못했기 때문입니다. 우리가 하나님께 '아바 아버지'라고 부르고 기도할 수 있다는 것은 굉장한 축복인 동시에 감사입니다. 기도할 수 있는데 왜 걱정합니까? 어려울 때 기도로 하나님께 나아가는 사람이 되어야 할 것입니다.

—기도는 하나님의 영적 임재를 느끼는 것입니다.

—기도는 하나님을 두려워하며 경외하는 것입니다.

—기도는 하나님께 도움을 구하는 것입니다.

—기도는 인간의 의지를 포기하는 것입니다.

—기도는 하나님을 향한 믿음이요 정성입니다.

—기도는 겸손한 자에게 주어진 지상 최고의 아름다운 일입니다.

—기도는 자신뿐 아니라 세상을 변화시키는 힘입니다.

04

이렇게 기도하라

본문 말씀 : 마태복음 6:9-13

삶의 나눔

1. 다음 그림은 주기도문에 나타난 기도의 모습들입니다. 그림의 몸짓은 기도의 내용을 담고 있습니다. 어떤 내용인지 각자 그림을 연결하여 기도문을 만들어 보고 함께 나누어 보십시오.

말씀의 살핌

본문의 배경

주기도문은 마태복음의 산상수훈에 포함되어 있는 내용으로 간결하면서도 깊은 기도의 교훈을 말해 주고 있습니다. 주기도문은 우리를 위해 가르쳐주신 기도문입니다. 누가복음 11:2-4에도 조금 내용이 다르지만 같은 기도문이 수록되어 있습니다. 주기도문은 크게 2부로 나누어지는데 하나님을 위한 기도와 사람을 위한 기도가 그것입니다.

구조

주기도문은 크게는 두 개로, 작게는 6개의 문장으로 나눌 수 있습니다.

	서 론	찬양 | 하늘에 계신 우리 아버지
하나님에 대한 내용	영적인 것	간구1 | 이름이 거룩히 여김을 받으시오며
		간구2 | 나라이 임하옵시며
		간구3 | 뜻이 하늘에서 이루어진 것같이 땅에서도 이루어지이다
사람에 대한 내용	물질적인 것	간구4 | 오늘날 우리에게 일용할 양식을 주옵시고
		간구5 | 우리가 우리에게 죄지은 자를 사하여 준 것 같이 우리 죄를 사하여 주옵시고
		간구6 | 우리를 시험에 들게 하지 마옵시고 다만 악에서 구하옵소서
	결 론	송영 | 나라와 권세와 영광이 아버지께 영원히 있사옵나이다. 아멘

용어해설

─하늘(9): 마태복음에서는 하늘, 다른 복음서에서는 하나님이라고 표현되고 있습니다.

─이름(9): 그의 본성, 자신을 뜻하는 것으로 이스라엘 사람에게 이름은 그 사람의 전부를 의미합니다.

─아멘(13): 확실함, 진실함, 믿는다는 뜻으로 시낭송에 공감을 표시하는 데 사용됩니다.

04

1. 기도할 때 하나님을 무엇이라고 말하고 있습니까?(9)

_____

_____

2. 하나님의 이름은 우리 이름과는 다르게 취급되어야 하는데 그
것은 무엇입니까?(9)

_____

_____

3. 이 땅에서 이루어져야 할 중요한 하나님의 일은 무엇입니
까?(10)

_____

_____

4. 기도해야 할 내용 중에서 영적인 것과 육적인 것의 내용은 구
체적으로 무엇입니까?(11)

_____

_____

_____

5. 하나님이 우리 죄를 어떻게 해주셨습니까?(12)

_____

_____

_____

6. 우리를 계속 유혹하고 괴롭게 하는 세상 것들을 말해 보십시오.(13)

_____

_____

_____

7. 기도의 마지막에는 하나님께 대한 어떤 내용이 포함되어야 합니까?(13)

_____

_____

_____

말씀의 깨달음

1. 기도 없이도 살아가는 사람들이 많습니다. 기도한다는 것은 인간의 나약함과 죄악된 인간성을 인식하고 능력의 하나님을 인정한다는 것을 의미합니다. 기도하는 순간은 위대한 하나님 앞에 서 있는 것입니다. 이런 기도를 통해 예수님이 제자들에게 특별히 가르쳐 주려고 한 것은 무엇이라고 생각합니까?

_____

_____

_____

04

2. 다른 종교에서도 기도를 하고 있습니다. 믿음이 없는 사람도 기도를 하고 있습니다. 또 배우지 않아도 많은 사람들은 기도를 하고 있습니다. 기독교에서 말하는 기도와 다른 종교에서 말하는 기도의 차이점은 무엇입니까?

_____

_____

3. 주기도문의 핵심은 이 세상의 나라를 세우는 것이 아닌 하나님의 나라 건설입니다. 하늘의 뜻이 땅에서도 이루어지는 것이 기도하는 그리스도인의 사명입니다. 하나님의 나라를 이 세상에서 건설한다는 것은 어떤 의미인지 말해 보십시오.(참고, 마 12:28; 막 1:15; 롬 14:17)

_____

_____

4. 예수를 믿은 후에도 시험은 계속 닥칩니다. 이 시험을 어떻게 이겨나갈 것인지가 우리의 관심사입니다. 시험은 피할 수 있는 것이 아닌 돌파해 나가는 인간의 숙명적인 과제입니다. "시험에 들게 하지 마시옵고 악에서 구하시옵소서" 라는 구절이 의미하는 것은 무엇인지 말해 보십시오. 우리의 기도에서 이 내용이 왜 중요합니까?(참고, 고전 10:13; 약 1:12)

_____

_____

말씀의 적용

1. 나는 기도훈련을 지금까지 어떻게 받았습니까? 혹시 잘못된 기도훈련은 없었습니까?

_____

_____

2. 자신의 기도 생활 중에서 주기도문과 비교하여 볼 때 보완이 되어야 한다고 생각하는 부분이 있다면 무엇인지 말해 보십시오. 현재 나의 기도 생활에서 바르게 잡아야 할 기도의 모습을 말해 보십시오.

_____

_____

3. 주기도문에 근거하여 나의 기도문을 작성해 보십시오.

_____

_____

함께 기도하기

1. 오늘도 시험에 들지 않는 삶이 되게 하소서.
2. 기도를 통해 하나님과 더욱 친밀한 관계를 누리게 하소서.

묵상의 글

기도의 위인들의 기도생활은 우리에게 많은 교훈을 줍니다. 찰스 시몬은 하루에 네 시간을 기도에 몰두했습니다. 요한 웨슬리는 매일 두 시간씩 기도했고, 존 플래취는 기도하는 입김으로 책을 얼룩지게 했다고 합니다. 때때로 그는 밤새도록 기도했습니다. 그의 전 생애는 기도의 삶이었다 해도 과언이 아닙니다. 그는 이렇게 말했습니다. "나는 내 마음이 하나님을 향해 올라가지 않고는 자리에서 일어나지 않겠다."

마틴 루터는 말했습니다.

"내가 만약 아침 세 시간을 기도하지 않으면 사탄은 그날 승리하게 된다. 나는 너무나 할 일이 많기 때문에 세 시간씩 기도하지 않으면 견딜 수 없다."

하나님을 향하여 끊임없이 하는 기도는 우리를 깊은 영적 세계에 들어가게 하고 하나님의 뜻을 발견하게 해줍니다. 기도하지 않는 그리스도인은 더 이상 그리스도인이 아닙니다. 모든 세계의 역사와 하루의 삶은 하나님의 뜻을 발견하게 해줍니다. 기도하지 않고는 한 발자국도 움직일 수 없다는 생각을 하면서 하루를 산다면 얼마나 좋을까요?

기도할 때는?

본문 말씀 : 누가복음 18:1-4

삶의 나눔

1. 다음의 기도제목으로 기도문을 작성해 보십시오.

기도문

· 나의 가정에 대해서

_____

· 나의 교회에 대해서

_____

2. 위의 기도문 중에서 예수님의 마음에 들 기도는 어느 부분이라고 생각하는지 말해 보십시오. 그 이유도 함께 말해 보십시오.

_____

_____

말씀의 살핌

도움의 글

본서의 특징

누가복음에는 그리스도의 인성이 강조되고 있습니다. 우리의 목숨을 대신하여 십자가에서 죽으시고 몸소 인간들의 고통과 고난을 스스로 당하시는 '인자'로서의 그리스도의 모습이 나타납니다. 누가복음은 잃어버린 자, 소외된 자, 죄인들을 향한 사랑을 소개함으로 온 인류를 위한 복음을 말하고 있습니다. 특히 복음서 중에서 기도에 대한 언급을 가장 많이 하고 있는 사도행전과 연작서이기도 합니다.

본문의 내용

본문은 기도에 대해 예수님이 말씀하시는 부분으로, 크게 둘로 나눌 수 있습니다. 누가복음 18:1-8에 나오는 과부와 재판관의 이야기, 그리고 18:9-14에 나오는 바리새인과 세리의 기도를 비교함으로 기도의 바른 모습을 나타내고 있습니다.

용어해설

－원수를 갚아주다(3): 적으로부터 그를 보호함으로써 인격적인 정당성을 되찾아준다는 뜻입니다.

－속히(8): '즉시'라는 뜻보다는 응답을 주실 때는 빨리 주신다는 의미입니다(참고, 롬16:20).

－기도하러 성전에(10): 유대인들은 하루에 세 번, 제3시(오전시), 제6시(12시), 제9시(오후 3시)에 기도의 시간을 가집니다.

－이레 두 번 금식(12): 모세의 율법에는 1년에 한 번 속죄일로 금식을 선포했습니다(민 29:7). 바벨론 포로 생활 이후에는 연 4회(슥 9:19) 증가했는데 그 후에 유대인들은 매주일에(월, 목) 두 차례로 더 확대하여 실시하였습니다.

1. 기도는 언제 해야 합니까?(1)

_____

_____

2. 불의한 재판관이 과부의 원한을 어떻게 풀어 주었습니까?(4-5)

_____

_____

3. 과부는 재판관에게 어떻게 매달렸습니까?(5)

_____

_____

4. 비유 이야기를 통해서 기도를 어떻게 하는 것인지 말해 보십
시오.(6-7)

_____

_____

5. 우리가 밤낮 부르짖을 때 하나님은 어떻게 해주십니까?(7-8)

_____

_____

6. 바리새인과 세리의 기도는 서로 어떤 점이 다릅니까?(9-13)

	바리새인	세리
자세		
기도내용		

61

7. 바리새인과 세리의 비유는 누구에게 말씀하시는 내용입니까?(9)

_____

_____

8. 예수님의 말씀을 통해 기도란 무엇인지 정리해 보십시오.(14)

_____

_____

말씀의 깨달음

1. 하나님이 계시는 곳은 어디서도 기도할 수 있습니다. 기도는 어느 특별한 장소가 아닌 모든 곳에서 할 수 있습니다. 기도는 영혼의 호흡과도 같은 것으로 쉬면 안 됩니다.
항상 기도해야 한다는 의미를 말해 보고 어떻게 하는 것이 쉬지 않고 기도하는 것인지 이야기해 보십시오.

_____

_____

2. 아무 상관없는 불의한 재판관도 간절히 구하는 자의 소원을 들어주었습니다. 이것과 비교하여 하나님의 기도 응답에 대해서 말해 보십시오. 이 비유는 무엇을 말하고자 하는 것입니까?
우리의 기도가 바리새인의 기도가 되기 쉽습니다. 어떤 점에서 그런지 그 이유를 말해 보십시오.

_____

3. 하나님의 보좌를 움직이는 응답 받는 기도가 되기 위해서 생각해야 할 기도의 중요한 내용 세 가지는 무엇인지 본문을 통해 정리해 보십시오.

1)

_____

2)

_____

3)

_____

말씀의 적용

1. 내가 원하는 방식의 기도가 아닌 하나님이 원하시는 성경적 기도생활이 중요합니다.
현재 나의 기도 생활에서 고쳐야 된다고 생각되는 부분은 무엇입니까?

_____

_____

2. 죄가 있으면 기도가 응답되지 않습니다. 하나님과 대화할 수 없습니다. 언제나 기도는 "나는 죄인입니다"라고 고백하면서 나아가야 됩니다. 오늘 이 시간 내가 죄인이라고 말할 수 있는 부분을 실제적인 예나 사건을 들어 이야기해 보십시오.

_____

_____

05

3. 끈기 있고 지속하는 기도생활을 유지하는 데 방해되는 요소는 무엇입니까?
이것을 이루기 위해서 실천해야 할 것은 무엇입니까?

기도를 방해하는 요소	해결하기 위한 실천사항

함께 기도하기

1. 어떤 경우에도 감사함으로 기도하게 하소서.
2. 기도의 끈을 놓지 않고 항상 기도하게 하소서.

묵상의 글

두 천사가 지상에 내려왔습니다. 그들은 각각 바구니를 들고 있었는데, 사람들이 기도하는 곳이라면 어디든지 멈추어서 그곳을 방문하였습니다. 그들은 학교이건, 교회이건, 오막살이건, 성이건 가리지 않고 들어갔습니다. 얼마 안 되어 어떤 천사의 바구니는 그가 수집한 것으로 가득 차 무거웠으나 다른 천사의 것은 비어 있었습니다.

첫 번째 천사는 "이것을 주십시오. 저것을 원합니다" 하는 탄원의 기도를 바구니에 받아 담았고 또 한 천사는 감사의 기도를 모았던 것입니다.

"당신의 광주리는 아주 가볍게 보입니다"라고 처음 천사가 말하자, 감사의 기도를 모은 천사가 이렇게 대답했습니다.

"사람들은 그들이 원하는 것에 대해서는 언제나 충분히 기도하고 있지만 하나님께서 그들을 구원하신 것에 대해 감사하고, 이를 오래 기억하는 기도를 하는 사람은 아주 적습니다"라고 말했습니다.

모든 기도는 감사에서 나와야 합니다. 자칫 우리의 기도 내용이 구원의 감격과 은혜를 저버린 채 인간의 욕심만 채우기 급급한 경우가 많습니다. 이렇게 되면 이기적이며 그저 나열하는 식의 구하는 기도만 됩니다. 진정한 감사가 있는 기도에서 나오는 간구는 하나님의 뜻에 합당하게 가는 지름길입니다. 얼마나 감사가 풍성하느냐가 기도를 기도되게 합니다.

예수님의 기도

본문 말씀 : 마태복음 26:36-46

삶의 나눔

의사소통 게임

1. 전체 인원을 2인 1조로 구성하여 두 사람이 마주볼 수 있도록 자리를 배정합니다.
2. 두 명 중 한 사람에게 글자나 그림(예, 사랑, 은혜, 감사, 구원, 전도, 기도, 성경)을 보여줍니다. 그 사람은 다른 짝에게 말하지 말고 몸짓과 표정으로 그것을 알아맞히도록 합니다.
3. 조금 어려우면 스피드 퀴즈 형태로 진행해도 좋습니다.
4. 전체조가 한 번씩 모두 시행합니다.
5. 설명하는 사람과 알아맞추는 사람들로 나누어 서로 의사소통의 어려움이 무엇인지 나누어 보십시오.
6. 기도는 하나님과 인간의 대화입니다. 의사소통과 연관하여 기도에 대한 부분을 나누어 보십시오.

말씀의 살핌

본문의 배경

본문은 예수님이 십자가 죽음을 위해 사역하는 절정이요 마지막 부분입니다. 제자들과 고별을 기하는 모습이 잘 나타나고 있습니다. 함께 십자가의 고난의 길을 가느냐, 아니면 홀로 자기 길을 갈 수밖에 없는가 하는 중대한 결단과 유혹이 엇갈린 순간입니다. 예수님 앞에서 베드로가 죽기까지 따르겠다고 확고하게 말하는 것을 우리는 발견합니다. 죽기까지 따르겠다는 제자들의 이 결단은 위대한 것입니다. 그러나 그들의 결심은 무참히 깨어지고 맙니다. 제자들이 이렇게 된 이유에 대한 배경이 예수님과 대조적으로 본문에서 나타나고 있습니다.

용어 해설

―겟세마네(36) : 기드론 시내 동쪽에 있는 감람산에 있는 작은 동산 이름으로서 누가복음에는 감람산이라고 기록했습니다. 포도주 틀과 같이 감람나무 열매를 누르는 곳이라는 뜻을 가지고 있습니다.

―슬퍼하사(37) : "슬퍼하기 시작하다" 라는 의미입니다.

―잔(39) : 십자가의 고난과 죽음을 말합니다.

1. "함께" 라는 단어가 본문에 몇 번 나오고 있습니까?

2. 예수님이 기도하러 올라가신 곳은 어디며, 가실 때 제자 중 누구를 데리고 갔습니까?(36-37)

67

3. 겟세마네에 기도하러 올라가시는 예수님의 심정은 어떠했습니까?(37-38)

_____

_____

4. 예수님이 데리고 간 제자들에게 부탁하신 말씀은 무엇입니까?(38)

_____

_____

5. 예수님의 인성을 나타내는 단어를 찾아보십시오.

_____

_____

6. 예수님의 기도에 대해서 말해 보십시오.(39)

기도 장소	
기도 자세와 모습	
기도 내용	

7. 예수님이 기도하시는 동안 제자들은 무엇을 했습니까?(40, 43)

_____

_____

06

8. 예수님은 제자들에게 어떻게 기도하라고 가르쳤습니까? 예수님이 안타깝게 생각한 것은 무엇입니까?(41)

_____

_____

9. 세 번째 기도를 마치신 후에 제자들에게 하신 말씀은 무엇입니까?(45-46)

_____

_____

10. 예수님의 기도는 놀랍게 응답되었는데 그 내용은 무엇입니까?(46)

_____

_____

말씀의 깨달음

1. 처음에 제자들은 예수님과 함께 갈 수 있었으나(36절) 나중에는 함께 있을 수도(40절), 함께 갈 수도(46절) 없었습니다. 오직 예수님만 홀로 그 길을 가야 했습니다. 제자들은 무엇 때문에 예수님과 함께 있지 못했고 끝까지 그 길을 함께 가지 못했습니까?(참고, 시 138:3; 눅 22:43)

_____

_____

2. 영혼과 육신이 함께 보조를 맞추지 못하는 것은 인간이 타락한 증거이기도 합니다. "마음에는 원이로되 육신이 약하도다" 하시는 주님의 말씀에서 우리는 주님의 어떤 모습을 느낄 수 있습니까? 또한 예수님은 인간의 어떤 면을 지적해주고 있습니까? 그리고 이것이 기도생활에 주는 교훈을 말해 보십시오.(참고, 시 78:38, 39; 롬 7:25)

_____

_____

3. 우리는 하나님께 고통과 어려움이 없게 해달라고 많이 기도합니다. 그러나 이런 것은 거의 나의 뜻이고 인간의 생각에 가까운 것일 때가 많습니다. 이런 기도는 응답받기 어렵습니다. 어려움 자체에 급급하다 보면 어려움 속에 숨겨 있는 하나님의 뜻을 놓칠 때가 종종 있습니다.

"아버지의 원대로 하소서"라는 기도가 주는 교훈은 무엇입니까?(참고, 시 40:8; 요 6:39-40) 아울러 우리가 어떤 기도를 해야 하는지 말해 보십시오.

_____

_____

4. 기도하면 힘을 얻고 담대해집니다. 비굴해지지 않고 하나님의 뜻을 향해 적극적으로 나아가게 됩니다. 그것이 곧 승리의 행전이기도 합니다. 주님께서도 기도하기 전에는 자신의 고난을 두려워했지만 기도 후에는 그 고난을 극복하셨습니다. 이것은 "일어나라 함께 가자"(46절)라는 모습에서 확실히 발견되었습니다. '기도하면 힘을 얻는다'는 말은 구체적으로 어떤 것을 의미하는

지 자신의 말로 이야기해 보십시오.

_____

_____

말씀의 적용

1. 홀로 나만의 기도 생활을 얼마나 하고 있습니까?
기도 생활이 잘 안 된다면 그 이유는 무엇이라고 생각합니까?

_____

_____

2. 현재 나에게 닥쳐오고 있는 고난이 있으면 말해 보십시오. 특히 복음을 위한 고난을 생각해 보고 그것을 통해 주시는 하나님의 뜻을 살피면서 나의 기도 내용을 적어 함께 기도하십시오.

고난의 내용	
나의 뜻	
하나님의 뜻	
나의 기도내용	

3. 인간은 육신의 지배를 받을 수밖에 없습니다. 이것을 이기기 위해 기도는 필수적입니다. 나의 기도 생활을 점검하고 기도 계획을 말해 보십시오.

_____

_____

06

4. 오늘 이 시간 주님께서 "일어나라 함께 가자"라고 말씀하신다면 나는 어떻게 대답하고 행동하겠습니까? 나의 준비 상태를 살펴보면서 대답해 보고, 또 삶 가운데 이러한 기도 응답을 받은 체험이 있으면 말해 보십시오.

_____

_____

함께 기도하기

1. 항상 기도하게 하소서.
2. 기도의 시간을 갈망하게 하시고 기도가 자연스러운 생활이 되도록 하소서.

묵상의 글

어떤 목사님이 심한 천식에 걸려 호흡을 제대로 하지 못하고 고생하시던 중 결국 악화되어 일을 쉬게 되었습니다. 목사님은 낙담하지 않고 기도 생활을 끊임없이 하면서 하나님께 매달렸는데 결국 하나님의 은혜로 고침을 받아 선교의 길을 떠나게 되었습니다. 천식을 하는 사람은 그것을 숨길 수 없습니다. 호흡할 때마다 고통받으며, 그 증세가 밖으로 드러나기 때문입니다.

우리 가운데 숨쉬기 어려워하는 그리스도인은 없는지 살펴보기 바랍니다. 그들은 기도하는 것을 마치 질식하는 것과 같은 고통으로 느낍니다. 이런 사람은 하나님께 자유롭게 기도하지 못하고 어렵게 정말 어쩔 수 없이 기도합니다. 이런 사람은 영적인 호흡력이 너무 약합니다. 기도는 생명의 숨결입니다. 에스겔 선지자는 "오소서 생명의 숨결이여!" (겔 37:9) 라고 외쳤습니다.

오늘 우리는 영적인 천식에 걸리지 않았습니까? 기도하는 게 힘들게 느껴지고 좀처럼 기도의 시간을 낼 수 없습니까? 각자의 호흡을 진단해 보십시오.

찬양

성경에서 말하는 찬양

신구약에서 찬양이라는 용어가 구약에 351회, 신약에 48회 나옵니다. 총 400회에 걸쳐 찬양이란 용어가 쓰인 것입니다. 여기서 특별히 주목할 점은, 이 단어들이 사용된 문맥이 오직 그 대상을 "하나님"으로 일관하고 있다는 점입니다. 이것은 찬송을 받으실 분은 오직 하나님 한 분뿐이라는 사실을 말해 주고 있습니다. 찬송을 정의함에 있어서 어거스틴은 "찬송이란 곧 하나님을 찬양하는 노래입니다. 만일 하나님이 아닌 다른 무엇을 찬송한다면 그것은 진정한 찬송이라 할 수 없다"고 했습니다. 하나님을 높이고 자랑하는 것이 성경이 말하는 찬양입니다.

찬양과 찬송의 다른 점

성경에서는 이 둘을 같이 사용하고 있습니다. 다만 구별을 한다면 찬송은 노래로 한다는 것입니다. 찬양은 노래, 말 등 다른 표현을(박수, 손을 들고, 악기를 사용) 통해 하나님을 높이는 것을 말합니다. 찬양은 찬송보다 더 포괄적인 의미가 있습니다.

찬양이란?

찬양 또는 찬송을 뜻하는 구약의 히브리어 단어 중 핵심적인 단어로 "할랄"이 있습니다. 흔히 우리는 "할렐루야"란 말로 많이 사용합니다. 이것은 "자랑하다, 칭찬하다"라는 뜻으로 하나님을 찬양하고 하나님의 위대하심을 높이는 의미를 담고 있습니다. 훌륭한 지도자나 부모, 인물을 찬양하고 높이고 자랑하듯이 우리는 하나님의 자녀로서 하나님을 우리의 구주로, 왕으로, 창조주로 하나님을 높이는 것입니다.

왜 하나님을 찬양해야 합니까?

1) 주님의 명령이기 때문입니다

시편은 여호와를 찬양하라는 명령으로 가득 차 있습니다. 찬양은 제안이 아닌 명령입니다. 이것은 선택의 문제가 아닌 무조건 해야 하는 것입니다.

"할렐루야 여호와의 모든 종들아 찬양하라 여호와의 이름을 찬양하라"(시 113:1).

"할렐루야 내 영혼아 여호와를 찬양하라"(시 146:1).

2) 하나님의 피조물이기 때문입니다

하나님이 지은 모든 세계는 하나님을 찬양해야 할 의무를 갖고 있습니다 (시 148:5). 피조물인 인간뿐만 아니라 자연계인 하늘(시 89:5), 땅(시 98:21), 바다(시 69:34), 동물(시 69:34), 일월성신(시 148:3), 눈, 안개, 광풍, 불(시 148:8) 등 천하 만물이 하나님을 찬양해야 합니다.

3) 나를 구원하신 하나님의 은혜로 인해

하나님의 자녀로 삼아 주셨기에 우리는 하나님을 알 수 있고 아울러 하나님을 찬양할 수 있습니다. 하나님이 우리를 죄악 가운데서 구속하여 주신 것은 그 은혜의 영광을 찬미하게 하려는 데 그 목적이 있습니다. 새로운 피조물은 새 노래로 하나님을 찬양하면서 살아야 합니다. 찬양은 특권이요 하나님의 자녀가 갖는 자연스러운 모습입니다.

찬양과 하나님의 임재

하나님은 우리의 찬양 속에 거하십니다(시 22:3). 하나님은 당연히 자신의 이름을 찬양하고 높이는 곳을 사랑하고 그곳에 임마누엘하십니다. 하나님은 어디에나 계십니다. 우리는 찬양을 통해 하나님의 임재함을 체험할 수 있습니다. 아울러 찬양이 있는 곳에 기쁨이 있고 하나님의 놀라운 능력이 일어납니다.

성경적 찬양의 모습

성경에는 "찬양" 이라는 말로 번역된 단어에 여러 가지 뜻이 있습니다.

1) 야다(yadah) 찬양

히브리어인 '야다' 는 '손' 이라는 뜻을 가진 '야드(yad)' 에서 온 말로 '던지다' 란 뜻을 가지고 있습니다. 이것을 다르게 풀이하면 '손을 펴 경배하다, 찬양하다, 감사하다' 가 됩니다. 이것은 손을 펴서 하나님을 의지하는 것을 말합니다. 어려움 속에서도 하나님을 의지하며 하나님께 맡기는 찬양이 바로 '야다' 찬양입니다.

2) 토다(Todah) 찬양

'토다' 는 '야다' 의 뜻과 비슷하나 '야다' 보다 한걸음 더 나아갑니다. 이것은 하나님의 구원의 승리에 대한 감사를 포함합니다(시 50:14).

3) 할랄(halah) 찬양

이것은 '할렐루야' 의 어근이 되는 단어로 '찬양하다' 라는 뜻입니다. 여기에는 '자랑하다, 떠벌이다, 요란스럽게 바보짓하다' 의 내용이 포함됩니다. 즉 하나님을 자랑하고 하나님의 기사와 능력을 이야기하고 하나님께 모든 것을 집중하는 열정을 말합니다.

4) '자마르' 찬양

'줄을 퉁기다' 라는 뜻으로 우리가 다룰 수 있는 악기 등을 동원하여 찬양하는 것을 말합니다. 이것은 그냥 노래하는 것을 넘어 모든 악기를 사용하여 하나님께 찬양하는 것입니다(시 98:4-6, 144:9).

찬양과 예배는 아주 긴밀하게 연결되어 있습니다. 예배는 하나님을 찬양하는 공동체의 모임입니다. 찬양은 사도행전 2:47에 하나님을 찬미했던 초대교회의 모습과 같습니다. 종교적인 의식을 넘어 진정한 예배가 되려면 하나님을 높이는 찬양이 충만해야 합니다.

사람의 궁극적인 목적은 하나님을 찬양하고 자랑하는 데 있습니다. 모든 것의 마지막은 하나님을 찬양하는 것으로 마무리되어야 합니다. 인생을 마칠 때 마지막에는 하나님을 찬양하면서 마무리해야 합니다. 그것이 가장 성공적인 삶입니다. 그러나 아무리 위대한 업적을 이루어도 인생의 마지막에 하나님을 찬양하지 못하고 저주하면서 간다면 그는 불행한 사람입니다.

찬양은 하나님이 가장 기뻐하시는 인간의 행위 중 하나입니다. 하나님을 찬양해야 하는 이유는 우리가 하나님의 피조물이기 때문입니다. 흔히 찬양은 예배와 연결되어 나타납니다. 찬양은 예배이자 또한 경배의 행위입니다. 하나님의 섭리와 은혜를 느끼면 느낄수록 찬양의 깊이는 더해집니다. 오묘하신 하나님의 능력과 측량 못할 하나님의 깊은 사랑에 압도될 때 찬양은 그 생명력을 더합니다. 이러한 찬양을 통해 하나님은 기뻐하십니다. 그러나 우리 인간들은 이것을 망각하고 세상과 자신을 찬양하고 물질과 명예를 따르고 심지어 사탄을 숭배하며 살아갑니다. 우리 자신을 드러내고 하나님보다 인간을 높이는 모습이 우리 주위에 너무나 많습니다.

우리가 찬양을 잘 하지 못하는 이유는 우리 자신이 스스로 이룩한 업적과 생각에 매여 있기 때문입니다. 오직 하나님의 역사하심과 예수 그리스도를 통한 하나님의 약속의 성취를 느낄 때 우리는 자연히 하나님께 영광의 찬양을 드릴 수 있습니다.

영으로 찬양하라

본문 말씀 : 누가복음 1:46-56

삶의 나눔

1. 다음 시는 뇌성마비 시인인 송명희의 찬송시입니다.

송명희 시인은 날 때부터 뇌성마비로 몸이 부자유하여 학교를 전혀 다녀 보지 못했습니다. 그럼에도 불구하고 그의 시는 놀라울 정도로 깊이가 있고 영혼의 찬송임을 알 수 있습니다. 송명희 시인이 자필로 쓴 다음의 시를 읽고 느낀 점을 서로 이야기해 보십시오.

하나님은 우리를 사랑하고 계시네

우리가 하나님을 사랑했던 것이 아니요
하나님이 우리를 먼저 사랑하시고
하나님이 우리를 얼마나
사랑하고 계시는지 우리는
알지 못하여도
하나님은 우리를
사랑하고 계시네
하나님의
사랑을
우리는
의심하여도
하나님은 우리를
사랑하고 계시네

말씀의 살핌

본문의 배경

누가복음에는 다른 복음서와 다르게 찬양에 대한 내용이 많이 나옵니다. 특히 시편처럼 그 자체가 찬양의 내용을 담고 있습니다. 마리아의 찬양 이외에도 사가랴의 찬양(눅 1:67-79), 시므온의 찬양(눅 2:28-32), 천사들의 찬송(눅 2:13-14), 엘리사벳의 찬양(눅 1:42-45)이 나와 있습니다. 누가복음은 찬양의 복음서라 할 만큼 시작과 끝이 찬양으로 되어 있는 점도 주목할 만합니다. 본문에 나오는 마리아의 찬양은 천사로부터 수태고지를 받아들인 후에 받은 감격을 노래하는 찬양입니다. 마리아의 찬가라고도 불리는 이 찬송은 초대교회 이후부터 전통적으로 애용되었습니다. 특히 아침 기도회 때 사용될 수 있는 것으로 히브리적인 색채가 강하게 들어 있습니다. 구약 말씀 인용이 무려 15개나 되고 또 구약의 하나의 노래와도 흡사합니다(삼상 2:1-10).

용어해설

- 하나님 내 구주(47): "그 하나님, 나의 구주"라는 말로 관사가 두 번 계속되고 있습니다. 이것은 히브리적인 표현입니다.
- 긍휼하심(50): 변치 않는 사랑을 말합니다. 불행과 관련되어 사용됩니다.
- 능하신 이(49): 하나님의 별명 중 하나인 '엘샤다이'입니다.

---

1. 마리아의 찬양의 내용을 찬양의 일반적인 구성을 근거로 나름대로 구분해 보십시오.

2. 하나님에 대한 별명과 속성을 말해주는 단어를 찾아보십시오.(49-50)

_____

_____

3. 마리아가 하나님께 찬양할 때 무엇으로 합니까?(46)

_____

_____

4. 우리가 찬양해야 할 대상은 오직 누구입니까?(46)

_____

_____

5. 마리아의 찬양하는 모습은 어떠합니까?(47)

_____

_____

6. 마리아는 자기가 기뻐하고 찬양해야 하는 이유를 무엇이라고 말하고 있습니까?(48-50)

_____

_____

7. 본문은 두 종류의 사람을 대조적으로 그리고 있습니다. 어떤 사람들인지 말해 보고 그들에 대한 하나님의 반응을 말해 보십시오.(51-53)

_____

8. 하나님이 선택한 이스라엘 백성에 대한 약속은 무엇입니까?(54-55)

_____

_____

말씀의 깨달음

1. 찬양은 영혼으로 해야 합니다. 일반적인 노래와 찬송이 다른 점은 무엇입니까?
영혼으로 찬양한다고 하는 것은 구체적으로 어떻게 찬양하는 것인지 말해 보십시오.

_____

_____

2. 마리아의 찬송을 통해 발견되는 하나님의 성품은 무엇입니까? 찬양을 할 때 이것이 우리에게 주는 유익은 무엇입니까?

_____

_____

3. 찬양은 겸손한 자의 자연적인 모습입니다. 48절의 "그 계집종의 비천함을 돌아보셨음이라"와 하나님을 "내 구주, 주"(46-47)라고 찬양한 모습에서 발견되는 마리아의 신앙을 말해 보십시오. 이렇게 하나님을 찬양할 때 우리에게는 어떤 힘과 은혜가 됩니까?

_____

말씀의 적용

07

1. 나는 찬양할 때 마음과 영혼으로 찬양합니까, 아니면 입과 몸으로만 찬양합니까? 혹시 노래의 감정과 음악성과 음율 때문에 찬양을 좋아하는 것은 아닌지요?

―――――――――――――――――――――――

―――――――――――――――――――――――

2. 찬양을 통해 내 마음이 기쁘고 즐거웠던 경험이 있으면 말해 보십시오. 찬양을 많이 함에도 은혜를 많이 받지 못하는 이유는 어디에 있다고 봅니까?

―――――――――――――――――――――――

―――――――――――――――――――――――

3. 찬양은 다양합니다. 노래로, 시로, 간증으로, 말로, 대화로, 삶으로 찬양할 수 있습니다. 진정한 찬양은 어떤 것인지 말해 보고 이 시간 하나님께 드리는 나의 신앙 고백을 담은 찬송시를 지어서 함께 찬양해 보십시오.

―――――――――――――――――――――――

―――――――――――――――――――――――

4. 이 시간 특별히 하나님이 베푸신 은혜와 긍휼하심이 무엇입니까? 이것을 나는 어떻게 찬양하기 원합니까?

―――――――――――――――――――――――

> **함께 기도하기**
> 1. 영혼의 찬양으로 하나님을 평생 동안 높이면서 살게 하소서.
> 2. 신앙 고백을 담은 찬양을 하면서 살게 하소서.

묵상의 글

시각장애인으로서 평생을 찬송시를 쓰면서 살아온 화니.J 크로
스비 여사는 어느날 밤 뉴욕극장가의 집회소에서 설교를 했습니
다. 설교가 끝나자 한 청년이 단 앞으로 다가왔습니다. 다 떨어진
누더기에 무성한 숲과 같은 머리를 한 그의 모습 때문에 지금까
지 그가 윤락가의 밑바닥에 있었다는 것을 한눈에 알아 볼 수 있
었습니다.

"꼭 오늘밤 안에 회개하세요. 그리스도께서 반드시 구원해 주십
니다. 오늘밤 당신의 어머님을 대신하여 당신의 볼에 키스를 해
드리겠습니다." 그리고 그를 위해 열렬한 회개의 기도를 해주었
습니다. 그녀는 집에 돌아오자 즉시 펜을 잡아 그 청년을 생각하
며 찬송시를 지었습니다. 그 찬송이 '저 죽어가는 자' (275장) 찬
송입니다. 몇 년이 지나서 크로스비 여사는 시카고 어떤 교회에
서 전도 집회를 열었는데 여기서 그녀는 자작시인 '저 죽어가는
자' 의 찬송 유래를 말했습니다. 그러자 군중 속에서 한 사람이
일어나 말했습니다.

"미스 크로스비! 내가 바로 그 젊은이입니다. 나는 그때 선생님
으로 인하여 구원을 얻고 새생명을 얻었습니다. 지금은 그 덕택
으로 훌륭한 가정을 이루고 사업에 크게 성공하여 살고 있습니
다. 저는 이 교회의 제직으로 봉사하고 있습니다……."

노래하면서 예배하라

본문 말씀 : 시편 95:1-11

삶의 나눔

1. 시편 중에서 잘 알고 있는 시나 좋아하는 시편이 있다면 기록
해 보십시오.

좋아하는 시편이나 구절	이유

2. 함께 돌아가면서 은혜를 나누어 보십시오.

말씀의 살핌

본서의 배경

히브리 성경에서는 시편을 일컬어 '찬양의 책'이라고 부릅니다. 이것은 이 책의 주요 내용이 찬양, 기도, 예배임을 뜻하는 것입니다. 칼빈은 시편을 "영혼의 모든 부분에 대하여 해부한 책"이라고 했습니다. 시편은 주로 개인의 신앙 체험을 노래한 것입니다. 57개의 많은 시편에 '시'라는 명칭이 붙어 있고 신약에서는 이 책 이름을 "시편"이라고 불렀습니다. 어떤 시편들은 예배용으로 쓰였고, 대부분은 신앙생활의 지침으로 사용되었습니다.

중심 사상

시편의 중심 사상은 예배입니다. 주님의 높고 위대하심을 높이는 경배의 내용으로 그리스도로 가득차 있습니다. 예수님은 시편에 대해 "시편이 나를 가리켜 기록된 모든 것이 이루어져야 하리라"(눅 24:44)고 말했습니다.

저자

다윗이 대부분의 시를 지었습니다. 그 밖에 다른 저자들도 있는데 모세, 솔로몬, 아삽, 고라의 자손 등이 있습니다. 60편 정도는 작가 불명입니다.

용어해설

—굽혀 경배하다(1): 몸을 굽혀 경배하는 데 그치는 것이 아니라 하나님 앞에서 극히 낮아지고, 두려워하는 하나님 앞에서의 충성을 말합니다.

—대저(3): 이유 접속사로서 앞절의 이유를 보여주고 있습니다.

—그 음성을 듣기를 원하노라(7): 하나님께 순종함을 의미합니다.

—미혹(10): 마음이 흐려서 무엇에 홀리는 것을 말합니다.

―내 안식(11): 본문에서는 약속의 땅 가나안을 의미합니다.

08

1. 저자는 1-2절에서 성도들이 해야 할 일을 말하고 있는데 그것은 무엇입니까?

1) _____

2) _____

3) _____

4) _____

2. 우리가 하나님을 기뻐 찬송해야 하는 근본적인 이유는 무엇입니까?(3)

_____

_____

3. 이 세상의 모든 것은 누가 만들었으며 누구의 것입니까?(4-5)

_____

_____

4. 모든 것을 창조하신 하나님께 우리가 해야 할 일은 무엇입니까?(6)

_____

_____

5. 하나님과 우리는 어떤 사이와 같습니까? 아울러 하나님이 우리에게 진정으로 원하는 것은 무엇인지 말해 보십시오.(7)

_____

_____

6. 시편기자는 어느 사건을 기억하라고 말하고 있습니까?(8) 이 사건이 무엇인지 구체적으로 이야기해 보십시오.(참고, 출 17:1-7)

_____

_____

7. 이스라엘 백성들이 하나님께 어떤 죄를 범했습니까?(9)

_____

_____

8. 광야에서 이스라엘 백성은 하나님을 근심하게 만들었는데 그 이유는 무엇입니까?
결국 하나님의 도를 알지 못한 백성의 끝은 어떠했습니까?(11)

_____

_____

말씀의 깨달음

1. '찬양한다' 는 말 속에는 손을 내민다는 뜻이 포함되어 있습니다. 찬양한다는 것은 나의 모든 것을 주님께 드리면서 오직 하나님만 예배한다는 것을 의미합니다. 하나님을 찬양하고 예배하는 우리들의 신앙과 세상 사람들이 자기 신들과 우상을 향해 찬양하고 예배하는 것은 어떤 점이 달라야 한다고 봅니까?

_____

_____

_____

2. "구원의 반석을 향하여 즐거이 부르자" (1절), "우리가 굽혀 경배하며 우리를 지으신 여호와 앞에 무릎을 꿇자" (6절)의 구절을 통해 예배와 찬양의 의미를 말해 보십시오.

_____

_____

_____

3. 왜 우리가 하나님을 세상에서 높이지 못하고 자꾸만 자기 자신이나 인간을 드러내게 되는지 그 이유를 말해 보십시오. 자기를 드러내고픈 인간의 속성 속에 담긴 문제점을 말해 보십시오.

_____

_____

_____

말씀의 적용

1. 나는 하루 동안 나를 만드신 하나님과 나를 구원하신 예수님을 얼마나 찬양하며 예배하는 삶을 살고 있습니까?

_____

_____

_____

2. 생활 속에서 하나님을 어떻게 찬양할 수 있는지 다양한 찬양의 방법들을 찾아 말해 보십시오.

_____

_____

_____

3. 내가 찬양의 삶을 살지 못하는 이유와 장애물을 말해 보십시오. 그것을 해결하기 위한 방안도 함께 이야기해 보십시오.

_____

_____

_____

함께 기도하기

1. 하나님을 찬양하면서 살아가는 하루가 되게 하소서.
2. 어려울 때일수록 더욱 하나님을 찬양하게 하소서.

묵상의 글

C.S 루이스의《시편에 대한 수상》을 보면 다음과 같은 글이 있습니다.

"나는 가장 겸손하고 가장 균형 잡힌 정신의 소유자들이 가장 많이 찬양하고, 반면에 까다롭고, 반항적이며, 불평만 하는 사람들이 가장 적게 찬양하는 이치를 모르겠다. 훌륭한 비평가는 가장 불완전한 작품 속에서도 찬양할 그 무엇을 찾고, 형편없는 비평가들은 우리가 읽어도 좋을 작품 목록을 자꾸 좁혀놓기 마련이다. 건강하고 꾸밈없는 사람은 비록 부유하게 자랐어도 아주 평범한 식사에도 찬사를 보낼 줄 아는 반면에 소화 불량증에 걸린 사람이나 신사인 척하는 사람은 어떤 음식을 갖다 주어도 트집을 잡는다."

우리도 찬양할 때 마음자세를 올바로 갖추어야 합니다. 그렇지 않고는 찬양의 문에 들어갈 수 없습니다. 오늘까지 살아온 나의 생활에 감사하고 있습니까? 끊임없는 기도생활을 계속하고 있습니까? 하나님의 무한한 은혜에 기쁨이 스며들고 있습니까?
그렇다면 당신은 찬양할 준비가 되어 있는 것입니다.
힘껏 여호와를 찬양하십시오. 높고 위대하신 하나님의 능력을 찬양하십시오!

새노래로 찬양하라

본문 말씀 : 시편 149:1-150:6

삶의 나눔

1. 시편 118:28을 함께 읽고 몸 찬양을 해보십시오. 몸의 표현을 그려 보십시오.

2. 하나님이 그동안 나에게 베풀어주신 은혜를 생각하면서 삼행시를 지어 보십시오.

3. 삼행시를 가지고 잘 아는 찬양곡을 붙여서 노래를 불러 보십시오. ("우리에게 향하신" 등)

말씀의 살핌

09

본문의 배경

본문은 후반부에 나오는 격렬한 어조로 보아서 포로 귀환기의 에스라와 느헤미야 때에 지은 작품일 것이라고 추정합니다. 특히 이 시편은 할렐루야 시편의 마지막으로 할렐루야로 시작하여 할렐루야로 끝을 맺습니다. 이 시편은 세상의 종말론적인 예언의 성격을 내포하고 있는 영원한 찬송시입니다.

용어해설

- 할렐루야(149:1): "여호와를 찬송하라"는 뜻으로 초대교회는 할렐루야 시편을 날마다 외웠습니다.
- 새노래(149:1): 구원에 대한 새로운 체험을 가진 사람이 부를 수 있는 노래로 그리스도 안에서 새롭게 된 피조물의 찬양입니다.
- 그 입에는, ─그 수중에는, ─하리로다(149:6): 이 구절은 느헤미야가 성전을 재건할 때 한손으로 무기를, 또 한손으로 일을 했다는 사실을 반영하고 있습니다.
- 소고(4): 두 개로 치는 작은 북을 말합니다.
- 수금(3): 거문고의 한 가지.
- 보수(7): 원수를 갚는 것.
- 제금(5): 타악기의 한 종류로서 오늘날 심벌즈와 같습니다.
- 비파(3): 오늘날의 거문고를 말한다. 현악기로 둥근 몸에 자루는 곧고 네 줄, 네 기둥이 있습니다.

---

1. 시편 기자는 하나님께 어떤 노래로 찬양하라 했으며 어디에서 찬양하라 했습니까?(149:1, 5, 150:1)

2. 하나님의 자녀는 서로 무엇으로 인하여 즐거워해야 합니까?(149:2, 150:2)

_____

_____

3. 하나님은 어떤 사람을 좋아하시고 아름답게 하십니까?(149:4)

_____

_____

4. 우리가 하나님께 찬양해야 하는 이유는 무엇입니까?(149:2-4, 150:2)

_____

_____

5. 우리는 하나님을 찬양할 때 무엇을 가지고 해야 합니까?(149:3, 150:3-5)

_____

_____

6. 어떤 사람이 하나님을 찬양해야 합니까?(150:6)

_____

_____

말씀의 깨달음

1. 하나님은 날마다 새롭게 우리에게 은혜를 주십니다. 이런 의미에서 '새노래로 여호와께 노래한다'는 의미는 무엇입니까? 무엇이 새노래로 찬양하는 것인지 말해 보십시오.(참고, 시 149:2, 149:1, 4, 6)

_____

_____

2. 노래뿐 아니라 모든 삶으로 찬양해야 합니다. 하나님을 자랑하고 칭찬하는 일 역시 찬양에 해당됩니다. 모든 악기를 동원하여 또 온몸을 다하여 하나님을 찬양하는 것은 모든 삶을 동원하여 하나님을 찬양하는 것입니다. 어떻게 모든 삶을 통하여 하나님을 찬양할 수 있는지 말해 보십시오. 찬양이 좀처럼 생활로 이어지지 못하는 이유는 무엇입니까?

_____

_____

3. "호흡이 있는 자가 찬양하라"는 말 속에 담긴 영적의미는 무엇입니까?

_____

_____

말씀의 적용

1. 나를 지으신 하나님께 얼마나 감사하며 하나님을 찬양하는 삶을 살고 있는지 말해 보십시오. 나는 예수님의 구원사건에 대해서 어떤 찬양을 하면서 살아갑니까?

_____

_____

2. 생활 속에서 찬양할 수 있는 구체적인 방법들을 찾아서 말해 보십시오.

_____

_____

3. 지금까지 나에게 베푸신 하나님의 은혜를 찾아 그 내용을 찬송시로 지어 보십시오.

_____

_____

함께 기도하기

1. 생활 속에서 하나님을 찬양하며 하늘의 기쁨을 체험하게 하소서.
2. 찬양을 방해하는 요소들을 성령의 능력으로 제거해 주소서.

묵상의 글

18세기 위대한 부흥사였던 조지 횟필드는 어느날 밤 모인 사람들의 생명 속에 역사하는 하나님의 너무나도 강력한 능력과 증거와 더불어 설교를 하였는데 그는 그의 놀라운 경외심으로 인하여 더 이상 말을 할 수 없었습니다. 그는 일기에 다음과 같은 말을 기록했습니다.

"나는 집에 돌아온 후에 침대에 엎드려 완전히 침묵 속에서 하나님의 무한한 사랑과 자유와 통치와 겸손을 찬양하였다."

우리는 하나님의 위대하심을 얼마나 느끼면서 살고 있습니까? 말할 수 없는 경탄과 사랑에 압도되어 어떻게 찬양해야 할지 모르는 침묵의 찬양을 해 보았습니까? 일상생활 속에서 세미하게 간섭하시고 도와주시는 하나님을 얼마나 찬양하고 있습니까?

"입술의 찬양만도, 마음의 찬양만도 아닌
모든 부분이 다 찬양을 하는
삶이 되기를 간구합니다.
일상의 평범한 일을 통하여 찬양합니다.
아무리 보잘 것 없고 작은 것일지라도
그 모든 임무와 행위를 통하여 찬양합니다."

―H. Bonar

개 인 점 검 표

과	일자	과제(기도, 성경읽기)	기도제목	출석유무	점검
1					
2					
3					
4					
5					
6					
7					
8					
9					
10					
11					
12					

• 과제/ 상. 중. 하

지 체 원   돌 봄 표

(   ) 지 체   이름:

번호	이름	전화	주소	1	2	3	4	5	6	7	8	9	10	11	12
지체장															
1															
2															
4															
5															
6															
7															
8															
9															
10															
11															
12															

• 지체원의 이름을 적어 서로의 출석을 체크하고 점검하면서 격려하고 보살핍니다. 지체원이기에 서로 관심을 가져야 합니다. 이런 돌봄을 통해 그리스도의 몸된 유기체적인 관계를 경험하며 그리스도의 몸을 세우게 됩니다. (전화, 방문, 편지, 배운 것 전해주기, 대화 등으로 한주간 동안에 한 번 이상씩 지체원들과 유기적인 교제를 합니다.)

중 보 기 도   일 지

이름:

번호	기도요청자	월일	기도내용	기도응답내용	응답일
1					
2					
3					
4					
5					
6					
7					
8					
9					
10					
11					
12					
13					
14					
15					

나의 간증

저자 이대희 목사

장로회 신학대학교 신학대학원(M.Div)과 연세대학교 연합신학대학원(Th.M)을 졸업하고 현재 에스라 성경대학원대학교 성경학박사(D.Liit) 과정 중이다.

예장총회교육자원부 연구원과 서울장신대학교 신학과 교수를 역임하고 서울 극동방송에서 "알기쉬운성경공부" "기독교 이해" 등 프로그램을 진행했다. 지난 20여 년 동안 성서사람·성서한국·성서교회·성서나라의 모토를 가지고 한국적 성경교육과 실천사역을 위해 집필과 세미나와 강의사역을 하고 있다. 현재 바이블미션(www.bible91.org) 대표, 꿈을주는교회 담임목사, 독수리기독중고등학교 성경교사, 강남성서신학원 외래교수, 서울장신대 겸임교수로 사역 중이다.

저서로 《30분성경공부시리즈》 《투데이성경공부시리즈》 《아름다운 십대성경공부시리즈》 《이야기대화식성경연구》 《성경통독을 위한 11가지 리딩포인트》 《심방설교 이렇게 준비하라》 《예수님은 어떻게 교육했을까?》 《1% 가능성을 성공으로 바꾼 사람들》 《자녀를 거인으로 우뚝 세우는 침상기도》 《하룻밤에 배우는 쉬운 기도》 《하나님 이것이 궁금해요》 《크리스천이 꼭 알아야 할 100문 100답》 등 100여 권이 있다.

성장하는 사람

엔 크 리 스 토   제 자 양 육 성 경 공 부   4   -   성 장 과 정

초판1쇄 발행일 ┃ 2008년 6월 20일

지은이 ┃ 이대희
펴낸이 ┃ 박종태
펴낸곳 ┃ 엔크리스토
마케팅 ┃ 정문구, 강한덕, 신주철
관리부 ┃ 이태경, 박재영, 맹정애, 강지선

출판등록 ┃ 2004년 12월 8일(제2004-116호)
주   소 ┃ 경기도 고양시 일산동구 장항동 568-17
전   화 ┃ (031) 907-0696
팩   스 ┃ (031) 905-3927
이메일 ┃ visionbooks@hanmail.net
공급처 ┃ 비전북 전화 (031) 907-3927 팩스 (031) 905-3927

ISBN 978-89-92027-49-6 04230

값 3,000원

● 잘못된 책은 바꾸어 드립니다.
● 이 교재의 사용 방법, 내용, 훈련, 세미나에 대한 문의는 바이블미션(02-403-0196, 016-731-9078)으로 해주시면 최선을 다해 도와드리겠습니다.

엔크리스토 성경 공부 양육 과정

투데이 성경공부

평생 성경공부할 수 있도록 구성한 시리즈. 주제별로 구성되어 있어 각 교회의 상황에 맞게 커리큘럼을 재구성하여 사용할 수 있다.

101 신앙기초(전 9권 완간) | 201 예수제자(전 9권 완간) | 301 새생활(전 12권 완간)
601 성경개관(전 10권 완간) | 401 · 501 · 701 발간 예정

30분 성경공부

신앙생활의 기초를 다루었으며 신앙의 전체 그림을 그릴 수 있는
2년 과정의 소그룹 성경교재다. 성경공부를 시작할 때 사용하면 효과적이다.

믿음편 | 기초 · 성숙   생활편 | 개인 · 영성 · 교회 · 가정 · 이웃 · 일터 · 사회 · 세계
성경탐구편 | 창조시대 · 족장시대 · 출애굽시대 · 광야시대 · 정복시대/사사시대 · 통일왕국시대 ·
분열왕국시대 · 포로시대/포로귀환시대 · 복음서시대1 · 복음서시대2 · 초대교회시대 · 서신서시대

아름다운 십대 성경공부

십대들이 꼭 알아야 할 성경의 핵심내용과 기독교적 가치관, 세계관을 정립하는 데 필요한 핵심주제를 담고 있으며, 3년 과정으로 구성되었다.

101 자기정체성 · 복음 만남 · 신앙생활 · 멋진 사춘기 · 예수의 사람(전 5권)
201 가치관 · 믿음뼈대 · 십대생활 · 유혹탈출 · 하나님의 사랑(전 5권)
301 비전과 진로 · 신앙원리 · 생활열매 · 인생수업 · 성령의 사람(전 5권)

책별 성경공부

성경 전체 66권을 각 권별로 자유롭게 선택하여 사용할 수 있는 성경공부.
성경 전체를 체계적으로 연구할 수 있다.

창세기 1 · 2 · 3 · 4, 느헤미야, 요한복음 1 · 2, 로마서, 에스더, 다니엘, 사도행전 1 · 2 · 3
(계속 발간됩니다)

*지도자를 위한 지침서
• 이야기대화식 성경연구 | 이대희 지음 | 10,000원

• 인도자 지침서(십대 성경공부 101시리즈) | 이대희 지음 | 10,000원
• 인도자 지침서(십대 성경공부 201시리즈) | 이대희 지음 | 10,000원
• 인도자 지침서(십대 성경공부 301시리즈) | 이대희 지음 | 10,000원
• 인도자 지침서(30분 성경공부 믿음편 기초, 성숙 | 생활편 개인, 교회)
  | 이대희 지음 | 10,000원